Pereza

Lujuria

Simon Blackburn

Envidia

Joseph Epstein

Gula

Francine Prose

Avaricia

Phyllis A. Tickle

Pereza

Wendy Wasserstein

Ira

Robert A. F. Thurman

Soberbia

Michael Eric Dyson

Pereza

Los siete pecados capitales

Wendy Wasserstein

PAIDÓS
Barcelona
Buenos Aires
México

Título original: *Sloth*
Publicado en inglés, en 2005, por Oxford University Press, Inc. Oxford
Traducción publicada con permiso de Oxford University Press, Inc.
This translation of *Sloth*, originally published in English in 2005, is published by arrangement with Oxford University Press, Inc.

Traducción de Yolanda Fontal

ISBN: 84-493-1828-9
Depósito legal: B-45.380/2005

Impreso en Novagràfik, S.L.
Vivaldi, 5 – 08110 Montcada i Reixac (Barcelona)

Impreso en España – Printed in Spain

Para Michael Barakiva y Jeremy Strong,
superperezosos

Sumario

Nota del editor original

Este volumen forma parte de una serie de libros y conferencias sobre los siete pecados capitales auspiciada de forma conjunta por la Biblioteca Pública de Nueva York y Oxford University Press. El objetivo era invitar a estudiosos y escritores a mostrar las distintas formas de abordar y entender el mal examinando un pecado capital cada vez. Mediante exploraciones tanto históricas como contemporáneas, cada escritor se ha enfrentado al desafío conceptual y práctico que el pecado capital en cuestión plantea a la espiritualidad, la ética y la vida cotidiana.

El concepto de los siete pecados capitales no tiene su origen en la Biblia. Las fuentes revelan unas primeras clasificaciones de pecados elaboradas en el siglo IV por Evagrio Póntico y, posteriormente, Juan Casiano. En el siglo VI, Gregorio Magno formuló los siete pecados tradicionales. Se clasificaban en orden creciente de gravedad y eran considerados las mayores transgresiones del alma y causa de todos los demás pecados. Como algunos de ellos se incluían en otros y el examen teológico intercambiaba términos similares, la lista evolucionó hasta incluir los siete tal como los conocemos: Soberbia, Avaricia, Lujuria, Envidia, Gula, Ira y Pereza. Para contrarrestar tales violaciones, los teólogos cristianos clasificaron las siete virtudes, divididas en cardinales: Prudencia, Justicia, Fortaleza y Templanza; y teologales: Fe, Esperanza y Caridad. Los pecados capitales fueron fuente de inspiración para escritores medievales y renacentistas como Chaucer, Dante y Spenser, que los personificaron con la creación de personajes memorables y de gran riqueza. La inclusión de colores, animales y castigos en el infierno profundizó las descripciones. A lo largo de la historia, la famosa lista ha estado presente en tratados filosóficos y teológicos, en la psicología, la política, la crítica social, la cultura popular y el arte y la literatura. Ya representen las flaquezas humanas más comunes o imperfecciones espirituales de mayor gravedad, los pecados capitales siguen estimulando la imaginación y suscitando la inevitable pregunta: ¿cuál es *nuestro* propio pecado capital?

La fascinación contemporánea por unos pecados de tan inveterado arraigo, la lucha contra ellos o su celebración, dice mucho tanto de nuestro continuado deseo de desentrañar la naturaleza humana como de nuestras aspiraciones divinas. Espero que este libro y los demás inviten al lector a permitirse una reflexión similar sobre el vicio, la virtud, lo espiritual y lo humano.

ELDA ROTOR

Introducción

Hasta donde puedo recordar, he estado buscando un plan de autosuperación adecuado. Siempre he creído que estaría a punto de hallar la felicidad si podía perder peso, ampliar mi vocabulario en treinta días, tener unos músculos abdominales y unas nalgas más firmes, hablar español, lograr la paz interior, planificar el día de forma más eficaz, ser más positiva, comunicarme con más claridad, expresar todo mi abanico de emociones, conseguir que un hombre se case conmigo tras diez citas, matricular a mi hija en Harvard a los doce años, comprender el subtexto de todo lo que diga un hombre, comer sólo productos orgánicos, tener el pulso cardíaco de un patinador de South Beach, Florida, aprender el placer de practicar el sexo en cuatrocientas posturas diferentes y que me guste cada una de ellas, encontrar al niño que llevo dentro, renovar al adulto exterior, llegar a aceptar las cosas malas que les suceden a las personas buenas, adoptar al Dios hebreo, adoptar al Dios cristiano, adoptar al Dios musulmán y aprender a escribir poesía como la actriz Suzanne Somers.

He seguido un sinfín de métodos de autosuperación. He gastado miles de dólares en libros de dietética, libros sobre el ejercicio físico, libros de cocina y libros de guía espiritual. Siempre parecen ser la respuesta durante unas tres semanas, pero luego el sistema comienza a desmoronarse. Por ejemplo, cuando leí por primera vez *La revolución dietética del Dr. Atkins*, me entusiasmó la posibilidad de vivir a base de bacon, huevos y queso brie. Se me hacía la boca agua al pensar en treinta salchichas para desayunar y nunca habría imaginado que llegaría a cansarme de decir «¿filete otra vez?» durante la cena. Pero a la tercera semana, vi una barra de pan en un escaparate de Bon Pain y comencé a llorar de forma descontrolada. Intenté irrumpir en la panadería, pero la alarma se disparó y acudió el cuerpo de bomberos. Volví a leer al doctor Atkins en busca de consuelo y todo lo que pude encontrar fueron anécdotas y listas relacionadas con esta dieta sin hidratos de carbono. De hecho, si lees la mayoría de los libros sobre dietas, sólo hay unas dos páginas dedicadas al plan dietético diario y el resto del libro está lleno de afirmaciones edificantes sobre el nuevo estilo de vida.

Después del incidente de la panadería, me di cuenta de que la clave para cambiar no radicaba únicamente en seguir una dieta. Para mejorar de verdad mi vida, necesitaba convertirme en una persona mejor, más conectada. Así pues, me compré muchos manuales sobre relaciones y comunicación y traté de comprender que, en realidad, los hombres proceden de un planeta diferente y actúan en consonancia. Pero pensar en los hombres como extraterrestres resultó ser igual de insatisfactorio. También intenté comunicar y expresar todos mis sentimientos. Cuando le dije al camarero de un café griego que estaba preocupada por mi potencial para la felicidad y lo atribuía a una experiencia traumática durante mi infancia, no pareció interesarle lo más mínimo. A continuación, me esforcé mucho en ser más positiva, y ahora ninguno de mis amigos me habla. Cada vez que consultaba otra guía sobre cómo tener una vida personal más feliz, lo único que conseguía era entristecerme y aislarme más. Me sentía como si todo el mundo estuviera en el camino de la autosuperación menos yo. Los autores de estos libros juran cada día en programas de televisión matutinos y espots televisivos que el cambio del estilo de vida será sencillo si sigues sus directrices. Pero mi vida no estaba mejorando y, con cada libro, me sentía más y más derrotada.

Tras haber fracasado en la mejora de mi vida exterior, decidí centrarme en la paz interior. Si no podía aprender a comunicarme, o comer sólo proteínas, quizá al menos podría alcanzar una extraordinaria tranquilidad. Sin embargo, cuanto más me concentraba en la tranquilidad, más nerviosa me ponía. Cuanto más visualizaba una vida sin estrés y la armonía del yo, más difícil me resultaba dormir por la noche. No podía alinear mis chacras. ¡Ni siquiera podía mantener la postura del perro boca abajo! En cambio, me quedaba toda la noche intentando decodificar el lineal A y el lineal B, las únicas lenguas clásicas que nunca se han descifrado. Si bien no me iba a librar del estrés, imaginaba que podía convertirme en la persona más competente que conocía.

Leí *Wittgenstein para principiantes*, *Geometría no euclidiana para principiantes, Arameo para principiantes, Óperas de Berg para principiantes*, *Descartes para principiantes*, *Teoría social de la posguerra fría para principiantes*, *Definición del absoluto para principiantes*, *Crear virus informáticos para principiantes*, *Clonación genética para principiantes* y *Hacia la paz en Oriente Próximo para principiantes*. Aunque llegué a ser experta en todo ello, mi vida diaria no mejoró. Francamente, sabía demasiado y eso ayudaba poco.

Estaba a punto de aceptar el fracaso que era yo misma y mi propia vida cuando fui a visitar a mi amiga Pat Quinn a Los Ángeles. Pat es una cazatalentos de Hollywood y yo esperaba que su determinación y dinamismo activaran los míos. Siempre me resulta reconfortante conducir por las autopistas de Los Ángeles porque da la impresión de que todo el mundo está en su propia burbuja aislada. Aunque van escuchando cintas de autosuperación en sus monovolúmenes Cadillac, conducen de aquí para allá por ocho carriles de cemento llenos de humo. Lo encuentro tranquilizador.

Gracias a la inspiración de Pat, decidí que necesitaba controlarme a mí misma. Se trataba de una forma de autosuperación que yo aún no había explorado: el culturismo. Pese a estar en mitad de la vida, pensé que tal vez podría convertirme en la próxima Miss Galaxia. Y quizá después de eso, podría llegar a ser gobernadora de California. Me gustaba la idea de tener unos músculos firmes en los brazos y las piernas. Quería levantar pesas de muchos kilos porque si podía levantar peso físico, seguro que también podría levantarme a mí misma espiritualmente. Así pues, fui a la meca del culturismo: Vence Beach, California.

Cuando llegué a esta supuesta meca, en lugar de encontrar el despliegue de hombres y mujeres levantando hierro que había imaginado, vi una hilera de personas de 11 kilómetros que se dirigía al muelle de Santa Mónica. Se trataba de un grupo de gente muy heterogéneo: todas las razas, jóvenes, viejos, gordos, delgados, bajos, altos, guapos y feos. Cuando me acerqué hasta ellos, me di cuenta de que la única cosa que tenían en común era que todos llevaban ejemplares de un libro titulado *Pereza y cómo conseguirla*. El libro acababa de salir y, como yo había renunciado a los manuales de autosuperación, desconocía su publicación. Al parecer, en su primer día en las librerías se vendieron más ejemplares que de la Biblia. Mi instinto me pedía ignorar a estos optimistas e iniciar mi programa de levantamiento de pesas, pero la multitud que esperaba parecía tan bien informada que decidí ponerme en la fila y ver de qué iba todo aquel jaleo.

Me volví hacia un hombre que estaba a mi lado y le pregunté: «¿Para qué ha venido aquí toda está la gente?». El hombre respondió: «El autor más influyente del mundo está aquí, el hombre que cambió mi vida. No me levanto por ninguna otra cosa, pero he venido hasta aquí para verle». «¿Quién es?», pregunté. «El autor de este libro: *Pereza y cómo conseguirla* —me contestó—. Lo he intentado todo y esto es lo único que ha funcionado.» «No creo que este tipo de libros puedan cambiar tu vida. Y nunca he oído hablar de éste», le repliqué. El hombre de la fila me explicó: «Ya sabe, todos esos libros de autoayuda te dicen lo que tienes que hacer, cómo hacerlo y cuánto deberías hacer. Éste es el único que te da permiso para no hacer nada en absoluto». Pensé en ello un momento y me pareció que la idea era muy atractiva. Para alguien que se ha pasado la vida aspirando a cambiar, la idea de no hacer nada resultaba revolucionaria. Decidí ocupar un lugar junto a los peregrinos.

Esperé durante días mientras la fila avanzaba hacia el autor. Según pude saber, el progreso de la fila se veía impedido por la insistencia del autor en dormir siestas. Cuando finalmente llegué hasta él, estaba tumbado en una hamaca con un pijama azul celeste, el color tradicional de la pereza. Había envoltorios de caramelos a su alrededor y estaba mirando una pantalla de plasma suspendida. Compré un ejemplar de su libro al vendedor que tenía al lado y se lo entregué al autor para que lo firmara. En lugar de garabatear un autógrafo tradicional, tenía un sello de caucho con su firma grabada en él. Me miró y dijo únicamente: «Puedo ver que la pereza te va a ayudar. Necesitas esto».

Yo sabía que él había visto en el interior de mi sobreprogramada alma. Regresé al apartamento de Pat, leí el libro y mi vida cambió para siempre. Me quedé en la cama, en casa de Pat, durante un mes, hasta que me echó y cambió la cerradura. Durante ese tiempo, me entregué a la pereza y la he seguido practicando desde entonces. Éste es el único manual sobre estilos de vida que he podido seguir religiosamente. Incluso ahora, años más tarde, descubro que cada vez resulta más y más fácil.

Gracias a mi éxito con la pereza, y mi generalizado fracaso con otros best-sellers de autoayuda, el autor me pidió que escribiera esta introducción de la nueva edición revisada que sigue. Además, él es demasiado perezoso para escribirla y yo lo respeto. Por tanto, lo que se ofrece a continuación es el original *Pereza y cómo conseguirla*, junto con un capítulo añadido sobre los superperezosos y un nuevo índice de recuento de actividades.

¡Buena suerte! Si sigues este libro, estoy segura de que encontrarás en la renuncia total la misma felicidad que he hallado yo. La pereza nos da valor para renunciar a buscar métodos de autosuperación. Lee este libro y dirás adiós a todos esos molestos deseos de superación. La pereza es el movimiento de defensa del estilo de vida que más rápidamente crece en el mundo y esto se debe a que es totalmente factible. Si adoptas la pereza, ésta será la última cosa que tendrás que volver a hacer.

WENDY WASSERSTEIN

Nueva York

Pereza

Y cómo conseguirla

Edición revisada

PRIMERA PARTE

Por qué funciona la pereza

CAPÍTULO UNO

El Plan Pereza

¡Relájate! ¡Sé feliz! ¡Déjate llevar! Este libro te mostrará exactamente cómo conseguirlo. El Plan Pereza no es un régimen dietético o de ejercicio físico habitual. Es una filosofía que cambiará por completo tu vida a partir de hoy.

Sé que muchos de vosotros os despertáis con programas de televisión que muestran a mujeres con bikinis blancos que practican ejercicio en la playa en Hawai. El Plan Pereza te confirmará todos tus pensamientos secretos acerca de ellas. Estas mujeres son personas dementes e hiperactivas que sólo comen verdura a la plancha. Es posible que vivan más que tú o yo, pero recuerda que carecen por completo de profundidad.

Cualquiera que tenga este libro en sus manos ha tomado alguna vez en Fin de Año la decisión de abandonar el sofá y apuntarse a un gimnasio. Personas como Jack LaLanne y Arnold Schwarzenegger han amasado fortunas haciendo que los lectores de este libro crean que sus instintos horizontales son algo malo. En lugar de tomar pizza y cerveza fría para desayunar, nos han hecho creer que es mejor levantar discos de hierro circulares de 45 o 90 kilos. ¿Has estado alguna vez en una colonia penitenciaria? Esto es lo que se obliga a hacer a los delincuentes que son enfermos mentales.

Lo bueno del Plan Pereza, y por qué este plan es el cambio de estilo de vida que más rápidamente se extiende por el mundo, es que, una vez que se ha captado la idea, se puede aplicar a todos los aspectos de la vida, no sólo al ejercicio. ¿Eres una de esas supermadres que trabaja todo el día, prepara una deliciosa cena baja en hidratos de carbono para su familia, hace los deberes con sus hijos adolescentes, le hace a su marido un francés y después se queda a fregar los platos? Bien, prepárate para ser capaz de decirle a tu hijo «haz tú solo los deberes» y dejar que los platos y las cazuelas sucios los limpie otro. Desabróchate el cinturón de seguridad, muchacha, porque el Plan Pereza te permitirá, por primera vez en tu vida, relajarte.

Olvida todos los *debería* de tu vida: *debería* trabajar más, *debería* creer en Dios, *debería* ganar más dinero, *debería* tener una erección, *debería* valerme una talla 38, *debería* tener cuatro hijos en Yale. El Plan Pereza te dice que tengas el valor para mi-

rar a la cara al *debería* y decirle: «¡Vete al infierno! ¡No me he levantado por ti!». Y la energía que te ahorrarás al estar tumbado, o tumbada, y no cumplir las expectativas de nadie, ni siquiera las tuyas propias, hará que te sientas años más joven. Todos los que se han convertido al Plan Pereza se han revitalizado porque, por primera vez en su vida, tienen la seguridad en sí mismos para descansar de verdad.

Como digo, el Plan Pereza es un estilo de vida integral. Los kilos perdidos se pierden para siempre, porque no hay ni una sola buena razón para levantarse. Piensa de este modo: pongamos por caso que sólo comieras proteínas bajas en grasas durante seis meses y acudieras a clases de *spinning* cada día. Sí, perderías peso, pero estarías sometido a un régimen tan estricto que comenzarías a hablar todo el tiempo de tu salud y tu nutrición recién descubiertas. Tus amigos se aburrirían tanto del régimen que te has autoimpuesto que comenzarían a encontrarte demasiado centrado en ti mismo como para intimar. En otras palabras, una dieta baja en grasas y el ejercicio físico intenso te volverían una persona plana. Por el contrario, está garantizado que la pereza te mantiene bien redondeado. Los seguidores del Plan Pereza nunca están obsesionados con su programa de ejercicios porque siempre están descansando. Vamos, dime la verdad, ¿quién es más sexy, una estrella de cine de 40 kilos que sigue la dieta o una odalisca reclinada?

Visualizar a través de las lentes de la pereza

La pereza funciona. Si no crees lo que te digo, empecemos con una visualización.

Muy bien. *Primera imagen*. Tienes en la mano la agenda electrónica con tu plan semanal:

5.30 a.m.	Levantarse.
6.00 a.m.	Caminar durante cuarenta minutos.
7.00 a.m.	Preparar el desayuno de los niños.
8.00 a.m.	Llevar a los niños a la escuela.
9.00 a.m.	Llegar a la oficina.
10.00 a.m.	Reunión de personal matutina.
11.00 a.m.	Pausa para el yoga en lugar del café.
11.30 a.m.	Reunión de planificación estratégica.
12.30 p.m.	Almuerzo con un cliente.
3.00 p.m.	Reunión con un posible cliente.
4.00 p.m.	Presentación.
5.00 p.m.	Veinte minutos de levantamiento de pequeñas pesas.
5.30 p.m.	Enseñar francés a los niños.
6.00 p.m.	Llevar a todos los niños a sus psiquiatras.
7.00 p.m.	Cocinar a fuego lento un salmón.
9.00 p.m.	Asistir a un comité benéfico de padres.
10.30 p.m.	Atarte un arnés para tener unas relaciones sexuales increíbles
12.00 a.m.	Tomar un taxi para poder grabar las últimas noticias de la CNN sobre los resultados de las elecciones.
2.00 a.m.	Hidratar la piel
3.00 a.m.	Leer y debatir en internet las ediciones de *The*

	Economist, *Time* y *Hustler* de la semana anterior.
4.00 a.m.	Semestre del sol, estudiar a Heidegger en la televisión por cable.
5.00 a.m.	Pilates
5.30 a.m.	Comenzar de nuevo.

Retenlo en la memoria. Y ahora aquí está la *segunda imagen*. Imagínate tumbado en una hamaca durante todo el día y que la brisa es lo único que te mueve. Hay una bandeja con quesos (en su mayoría extracremosos) en una mesa cercana y dos grandes botellas de Diet Coke y vino. Un televisor de plasma está suspendido en una de las palmeras y tienes en la mano un mando a distancia. Junto a tu hamaca están las versiones originales de *Vanity Fair*, tanto *La feria de las vanidades* de Thackeray como la revista impresa en papel estucado. Tu único movimiento consiste en arrastrarte o rodar (sobre el placer de rodar volveremos más adelante) de regreso a la sala de estar o la habitación en el caso de que el tiempo sea inclemente.

Ahora, ¿cuál te parece la forma de vida más feliz, sana y humana? ¿Qué imagen describe a una persona que quiere demostrar algo y cuál describe a alguien que por fin está en paz con su propio universo? Te prometo que después de leer este libro, de seguir mis detallados programas de ejercicio, dieta y visualización, la segunda imagen será la tuya. No hay razón para rebosar salud y éxito. Eso requiere esfuerzo. A partir de este momento, quiero que tengas ganas de decir «no» a todo ello. Estamos en el siglo XXI. Ya ha transcurrido más de un siglo desde las victorianas y las sufragistas. Es hora de redefinir el potencial humano. Es hora de adoptar la pereza.

Abandonad la esperanza todos los que adoptéis la pereza

Te prometo que el método de la pereza es el programa de mantenimiento vital más exitoso. Muchos de nosotros malgastamos nuestro tiempo estando enfadados con nuestros jefes, nuestras familias, nuestro presidente, nuestro Dios. El Plan Pereza, por el contrario, nos ayuda a aceptar que no hay una esperanza real de cambio. El poder está en manos de una élite, de unos pocos privilegiados, y no hay razón para que malgastemos nuestras vidas clamando en el desierto. En otras palabras, podemos convertirnos en lobos dementes o en ovejas muy felices y somnolientas. Sin duda, hay alguien más rico, más delgado, y con muchísimas más oportunidades gracias a las personas que conoce. Pero que se vayan al infierno. No importa hasta qué punto lo intentes, nunca será un camino fácil y justo. Yo te digo: ponte el botón de la pereza en el pecho y vete a la cama con orgullo.

Déjame que te cuente una pequeña historia acerca de Harry Ackerman. Harry se estaba enfrentando a la hipertensión, la hiperglucemia, la depresión, el aislamiento, la bancarrota, el divorcio y la perversión sexual. Harry corría un enorme peligro de autoimplosión. Visitó a psiquiatras, acudió a consejeros profesionales, recurrió a hipnotizadores, se fue de putas, visitó sacerdotes, acudió a clínicas de meditación, acudió a organizaciones terroristas, se unió a los marines, incluso recurrió a su madre. Y sólo cuando Harry leyó este libro, pudo comprender algo. En cuanto Harry renunció, por fin se sintió de nuevo positivo. La pereza curó a Harry de estar en peligro, ya que ahora Harry apenas es nada.

«El impacto de la pereza en mi vida ha sido sumamente positivo —dice Harry desde la cama abatible en la que duerme en el Days Inn de Canton, Ohio—. Solía tener miedo de todo. Ahora que sé que no hay nada que pueda hacer, ya no tengo miedo. Si ocurre algo horrible, el Plan Pereza me ha enseñado cómo ignorarlo. Me siento positivo por primera vez en años.»

La actitud perezosa

Quiero que intentes cambiar de actitud. Desde que nacemos nos enseñan a querer tener «empuje» y ahora eso nos está matando. La industria de la moda y la gimnasia está ganando una fortuna gracias a nuestro autoodio colectivo. Incluso los gobiernos prefieren que creamos que el ejercicio —tanto físico como espiritual— puede cambiar nuestras vidas. Esto se debe a que cuanto más ocupados estemos rezando, haciendo ejercicio, o rezando y haciendo ejercicio a la vez, menos tiempo les dedicamos a ellos. La actitud perezosa dice: «No tengo nada que demostrar ni ningún lugar a donde ir». No hay razón alguna para ser como el existencial Sísifo y empujar la roca montaña arriba sólo para que luego vuelva a caer de nuevo. ¡Sé realista! ¿Quién cree de verdad que la vida es como una película donde alguien que nace con un pie zopo puede aprender a esquiar y conseguir la medalla de oro en los Juegos Olímpicos? En primer lugar, los esquiadores olímpicos se queman a los cuarenta y se convierten en profesores de esquí borrachos en las instalaciones de dos estrellas de Gstaad. La actitud perezosa te permite saber desde el principio que los gladiadores del mundo están bien para divertirse, pero no son modelos a los que se deba imitar.

El mantra de la pereza

Vale, basta de sermones. ¿Cuándo voy a llegar a la dieta? ¿Dónde está el Plan Pereza que puedo laminar y llevarme por ahí en el bolsillo? Aquí están los principios que necesitas recordar, y te lo he puesto muy fácil. Como verás, en este libro te lo facilitamos *todo* porque queremos que dejes de hacer esfuerzo alguno desde ahora mismo. Piensa en la palabra PEREZA[1] literalmente y siempre tendrás cerca nuestros cinco mandamientos. (¡Ya ves, incluso hemos reducido los mandamientos a la mitad!)

1. Siéntate en lugar de estar de pie. No hay razón alguna para levantarse por nada. Todo puede llegar hasta ti. Esto incluye la comida, el sexo, la religión, la conversación, el estímulo intelectual e incluso la libertad.
2. Libérate. Di adiós a todo aquello que te mantiene firmemente atado. Comienza hoy mismo deshaciéndote de tu agenda electrónica, de tu Blackberry y, aquellos de vosotros que sois unos negados para la electrónica, de la agenda de papel.
3. Abre la boca y deja que entre en ella todo aquello que te apetezca. En cuanto dejes de limitar su consumo, la comida se volverá algo placentero y dejará de ser una compulsión neurótica.
4. No te esfuerces más. ¡Por Dios!, deja de trabajar, a menos que sea algo que puedas hacer tumbado.

1. A partir de aquí, la autora se sirve de un juego de palabras irreproducible en español. Cada uno de los cinco mandamientos comenzaría por una de las cinco letras de la palabra *pereza* en inglés (*sloth*). *[N. de la t.]*

5. La felicidad está dentro de mí. No tengo que esforzarme por conseguirla. La felicidad —no los reconocimientos médicos anuales, las inyecciones de vitamina B-12 y el Viagra— es la clave para que se cree una base permanente para la prevención de las enfermedades.

Una vez más, aquellos de vosotros que necesitéis un refuerzo visual constante o queráis cambiar la oración de vuestro mezuzá, aquí tenéis el mantra de la pereza.

PEREZA

Siéntate en lugar de estar de pie
Libérate
Abre la boca
No vuelvas a esforzarte
La felicidad está dentro de mí

Te prometo que estos cinco mandamientos de la pereza cambiarán tu vida como ningún otro plan que hayas probado anteriormente. Es hora de que dejes de buscar respuestas. La respuesta es la pereza.

CAPÍTULO DOS

Una historia personal

Muy bien. Ya sé lo que estáis pensando los incrédulos. ¿Por qué diablos tendríais que escucharme? ¿Quién demonios soy yo? ¿Cuáles son mis referencias? ¿Soy otro de esos charlatanes que quieren ganar pasta rápidamente?

Soy un tipo normal

No soy un médico cualificado, pero he tenido problemas médicos, por lo que estoy al corriente de todos los últimos avances médicos. Tampoco soy un sacerdote o un pastor ordenado, pero he mantenido relaciones sexuales con niños y niñas menores, lo que me confiere un grado equivalente de santidad. Y tampoco soy un nutricionista o un gurú del ejercicio físico, aunque trabajé de camarero en el restaurante Brussels en Covent Garden, donde ponía mejillones y patatas fritas en una cinta transportadora.

No tengo interés en convertirme en una celebridad nacional o en un presentador de la teletienda. Créeme, se me ha pedido que haga una cinta anti-motivacional sobre la pereza que compita con esos vídeos de *kickboxing* de Kung Fu. En lo que a mí respecta, a todos esos hombres inflados por los esteroides que venden máquinas de abdominales portátiles en la televisión de madrugada se les debería inyectar dramamina.

Confía en mí. Soy un tipo normal cuya vida cambió por completo gracias a la pereza y cuya misión es hacer posible la pereza para todos vosotros.

Ahora podrías preguntar: ¿cómo puede alguien que es un perezoso convertirse en un cruzado? En primer lugar, escribí este libro totalmente tumbado. En segundo, dicté la mitad del mismo y mi ayudante preparó la otra mitad. Y lo que es más importante, nunca he dicho que los perezosos no deseen ganar dinero fácil. Sé que los libros sobre estilos de vida y dietas están copando la industria editorial, incluso en la venerada Oxford University Press, así que, ¿por qué no iba a poder ganar yo unos cuantos millones fáciles? ¡Por Dios!, no es como si estuviera malgastando mi tiempo escribiendo una primera novela de la que sólo se venderán dos mil ejemplares. Los perezosos no son estúpidos. Si Suzanne Somers puede ganar una fortuna con su libro de dietética, o quien diablos fuera que escribió *La Zona*, ¿por qué no puedo yo? Vamos, ¿no os gustaría cobrar los derechos de autor de quien fuese que escribió *La dieta de South Beach*? Tiene mucho más sentido que, por ejemplo, escribir poesía, crítica académica o —Dios no lo quiera— obras de teatro. Estas cosas requieren un esfuerzo verdadero y las recompensas económicas por lo general no son proporcionadas.

Pero si aún no confías en mis genuinos instintos, deja que te ponga al corriente de mi propia historia familiar.

Mi padre, el antipereza

Mi padre llegó a este país en 1922. La suya es una historia de la América antipereza del siglo XX. Es una historia sobre la iniciativa, la ingenuidad y el empuje estadounidenses.

Mi padre llegó a Ellis Island desde Vlosk, Rusia, con su hermana Natalia. Su madre murió en el barco por culpa de una apendicitis sin diagnosticar y su padre los había abandonado antes por una cantante en Viena.

Cuando mi padre llegó, sólo tenía ocho años y su hermana, doce. Se fueron a vivir con su prima Hinda, que era taquígrafa en el Sindicato Internacional de Trabajadores de Prendas de Vestir Femeninas. La hermana de mi padre se convirtió en una agitadora comunista. Iba a cambiar el mundo.

Mi padre, que ni siquiera podía concebir la pereza, retiraba los platos de las mesas en Ratners, limpiaba zapatos en Wall Street e incluso recogía las entradas en un cine. Al propio tiempo, consiguió ser el primero de su clase en el instituto Washington Irving.

Para mi padre, Estados Unidos era una tierra de oportunidades. Sin duda, había una élite y unos clubs a los que él nunca podría pertenecer, pero creía que si trabajaba duro y cumplía con su obligación, podría disfrutar de una buena vida.

Y entonces sobrevino la Depresión. Mi padre tenía mejores notas que hijos de senadores, abogados y presidentes que iban a Harvard, Yale y Princeton, pero estas instituciones no buscaban la diversidad en aquella época. Puesto que la Ivy League era un club de caballeros acaudalados, mi padre no fue a la universidad.

Mi padre sabía que en los tiempos difíciles la gente necesitaba que se la entretuviera. Desde aquellos primeros días en que había recogido las entradas en el Brooklyn Paramount y la RKO, dominaba el arte de poner en escena un espectáculo. Tenía un gran sentido del humor. Sin embargo, la hermana de mi padre se fue volviendo cada vez más austera. Perdió la cabeza por Stalin y guardaba una gran fotografía de éste en un marco con forma de corazón junto a su diminuta cama plegable. Mi padre incluso descubrió anotaciones en su diario sobre cuánto le habría gustado a mi tía lamer el bigote de Stalin.

Con el dinero de las propinas que había conseguido limpiando zapatos, mi padre compró un billete de tren hasta Los Ángeles. El día que llegó allí pasó por un barrio de chabolas donde vivían soñadores sin techo. Incluso creyó reconocer a una o dos estrellas del cine mudo.

Mi padre consiguió de inmediato un trabajo repartiendo bombones de la confitería See's. También estuvo barriendo los suelos en Max Factor, la empresa de maquillaje, y llevando el inventario de lencería de Frederick's en Hollywood. Mi padre era un hombre astuto, pero no era introspectivo. Si sentía un poco de envidia, amargura o incluso aislamiento, simplemente trabajaba aún más.

Un día, mientras le entregaba bombones de See's al paseante de los perros de Ginger Rogers en *La alegre divorciada*, se dio cuenta de que los pequineses gemelos caminaban sin llevar el mismo paso. Mi padre se ofreció al momento para llevar su correa y los perros comenzaron a caminar sincronizados. Ginger despidió en el acto a su paseante de perros y contrató a mi padre.

El resto es historia. Todas aquellas películas de Astaire y Rogers fueron en realidad coreografiadas, escritas y dirigidas por mi padre. Sé que aparecen nombres como Hermés Pan y Donald Ogden Stewart en los títulos de crédito, pero, confidencialmente, fue mi padre quien en realidad inventó y bailó el continental. No cabe duda de que parece Fred Astaire, pero mi padre tenía dotes para el transformismo. Le interesaba el poder, no el reconocimiento personal. Siempre utilizó seudónimos.

Mi padre, que sólo dormía dos horas cada noche, se convirtió en presidente de Fox, Paramount y MGM. También llegó a ser el presidente anónimo de los bombones See's, el maquillaje Max Factor y el hotel Beverly Wilshire. Mientras su hermana permanecía en su camastro plegable junto a la fotografía de Stalin, mi padre se volvía cada vez más anticomunista. De hecho, le puso el nombre de su hermana al Comité de Actividades Antiamericanas. Para él, Mickey Mouse no era lo bastante capitalista. A los ojos de mi padre, cualquiera que ganara menos de veinte millones de dólares al año era un perezoso redomado. El sueño de mi padre era enviar a John Wayne a la casa de cualquier estadounidense que estuviera durmiendo la siesta y sacarle de la cama. No creía en el seguro médico nacional, la asistencia social o la seguridad social. Creía en el derecho inalienable a la iniciativa personal.

El Movimiento Antipereza Carpe Diem fue fundado por mi padre cuatro años antes de su muerte. El movimiento financia todos los anuncios de los medios impresos y audiovisuales que te recuerdan que tu vida es inadecuada. El mensaje subliminal es que deberías y podrías ser más rico, más delgado, más feliz y más santo. El Carpe Diem financia el canal de los Hogares, el canal de la Salud y el canal de Dios, y todos los demás canales de autosuperación.

Cuando mi padre murió, dejó toda su fortuna a la campaña antipereza. A favor de mi padre, debo decir que su legado no establecía diferencias en función de la raza. Financiaba a todo aquel y todo aquello que tuviera empuje excepto a mí. Yo tuve que lograrlo por mi cuenta.

Renunciar

Al ser un hombre introspectivo, yo podía haber respondido ante la vida y el legado de mi padre de dos maneras. Podía haber asumido una airada postura de «se lo demostraré» y haber dedicado mi vida a ser sumamente competente y demostrar que nunca podría vivir de acuerdo con sus criterios, o podía renunciar, abandonar la competición, optar por estar en un segundo plano en la vida y declarar: «He logrado entenderlo todo y escapar de ello». El día en que opté por lo segundo supuso un punto de inflexión en mi vida. Lo recuerdo como si hubiera sido ayer. Era mi último año en la universidad y, para compensar la falta de educación formal de mi padre, estaba estudiando una triple licenciatura en Harvard, Princeton y Yale. Era Fi, Beta y Kappa, los tres, y además formaba parte del equipo de *squash* de Harvard, el equipo de natación de Princeton y era presidente del Yale Dramat. Un día de primavera, me dirigía a Skull and Bones, mi sociedad secreta, cuando por casualidad un amigo me preguntó cuál era mi sexo. Francamente, había estado tan ocupado durante toda mi vida que no había reparado en ello. Practicaba deporte en equipos tanto masculinos como femeninos y también había bailado como primer bailarín y primera bailarina en el *Cascanueces* del New York City Ballet. En el instituto había tenido citas tanto con hombres como con mujeres y en aquel momento mantenía relaciones serias y profundas con ambos. En lo que a mí respecta, iba a ser padre y madre y, cuando me presentara a presidente, tendría una encantadora primera dama a mi lado y me acompañaría un marido poeta laureado. En realidad, nunca había pensando en la cuestión de la identidad sexual. Los cursos de género eran algo a lo que sólo prestaban atención los estudiantes de segundo curso que seguían carreras de segunda fila. Por primera vez en mi vida estaba desconcertado. Recuerdo que me senté en medio del New Haven Green y comencé a llorar. Y estuve allí sentado llorando durante los tres meses siguientes. Mis amigos me llevaban comida mientras los guías turísticos estudiantiles me señalaban a sus padres. Mi padre envió a toda la Clínica Mayo y una carretilla elevadora para sacarme de allí, pero yo no me moví. Comencé a cantar: «No, no, no nos moverán, igual que el pino junto a la ribera, no nos moverán». Al cabo de seis meses, vino a retirarme de allí la empresa de mudanzas Niño Judío Mono con un camión. Y me fui sólo porque el niño judío mono me dijo que su madre me prepararía sopa de pollo y yo nunca había tenido una madre judía. Cuando me fui a vivir con la señora Friedlander, mi padre me borró de su vida. La última vez que lo vi fue en la televisión. Lo estaba entrevistando Charlie Rose, y cuando se refirió a mí durante la emisión me citó como «mi hijo, el perezoso». Según la leyenda, el día que murió gritaba: «¡No me hagáis descansar!, No me hagáis descansar!».

La indolencia es una bendición

Desde mi epifanía en Yale, he dedicado mi vida a perfeccionar el arte de la pereza. Antes de descubrir la pereza, era un joven irascible, impetuoso y competitivo. Ahora estoy contento con mi inconsciencia y con estar de vuelta de todo. He encontrado mi camino hacia la inconsciencia y tú también puedes hacer lo mismo. Con toda honestidad, ahora no sólo soy un hombre feliz, sino que me importa un cuerno lo que pueda estar sucediendo en el patio trasero de cualquier otra persona. La pereza examina todas las reglas y dice: «No, gracias». Y *éste*, señoras y señores, es el mayor regalo que os podéis hacer a vosotros mismos.

Y ahora, una breve historia de la pereza. Después de todo, no tienes que creerme sólo por la historia de mi vida. Mis teorías son convincentes desde el punto de vista intelectual. Como ya he dicho, soy licenciado por Harvard, Princeton y Yale.

CAPÍTULO TRES

Historia concisa de la pereza

No quiero que ninguno de vosotros piense que he llegado hasta la filosofía de la pereza sin conocer sus antecedentes. Vale que esté tumbado boca arriba, pero aún sigo leyendo. De hecho, he llevado a cabo una amplia investigación no sólo sobre la pereza, sino sobre los siete pecados capitales. Para demostraros a aquellos de vosotros que creéis que esto es otra revolución del estilo de vida que tal como venga se irá, a continuación incluiré una historia concisa de la pereza. A diferencia de modas como las dietas sin grasas o el Pilates, la pereza ha estado ahí durante más de mil años.

Entonces, ¿quieres saber quien fue el responsable de los siete pecados capitales? Bueno, en primer lugar, estás haciendo la pregunta equivocada. Originalmente eran ocho los pecados capitales y los enumeró Evagrio Póntico, un teólogo monástico del siglo IV. Evagrio, al que me gusta llamar Eva, emigró desde Asia menor a Egipto, donde dedicó su vida a examinar las crisis espirituales que aparecían en la Biblia. (Mira, alguien tenía que hacerlo y normalmente es mejor si esa persona procede de Asia Menor.) Para aquellos de vosotros que os interesen los cotilleos, hay una interesante anécdota sobre Eva. En una ocasión se vio tentado por un amorío y su impulso de huir de Asia Menor le apartaría del origen de la tentación. En un capítulo posterior, me explayaré sobre cómo la inmersión total en la filosofía de la pereza puede ayudar a alguien (un teólogo monástico o una ávida ninfómana) a evitar la tentación simplemente porque es demasiado trabajoso moverse.

Los ocho pecados capitales

La lista de Evagrio de los ocho pecados incluía los siguientes:

- Gula
- Lujuria
- Avaricia
- Tristeza
- Ira

- Acedía
- Vanagloria
- Soberbia

El orden en este caso no es aleatorio: la lista de Evagrio está enumerada en función de su creciente gravedad. Los criterios para determinar lo pecaminoso que es un pecado dependen de lo que afecten al yo: así, se considera que la gula, que tiene que ver con la ingestión, es el menos malo de los pecados, mientras que la soberbia, que glorifica el yo existente, se considera el peor.

(Perdona que haga una pausa. No estoy acostumbrado a esta clase de ejercicio mental. Recuerda que estoy haciendo todo esto por ti y que deberías estar agradecido; yo ya he extraído mis propias conclusiones sobre la vida.)

En el siglo VI, el papa Gregorio I concentró los pecados en siete. En otras palabras, eliminó la «vanagloria» y la «acedía» por sus respectivas similitudes con la «soberbia» y la «tristeza». También añadió la envidia, como su propio pecado. La lista de pecados del papa Gregorio, tal y como la presentó en su *Moralia in Job*, incluía la soberbia, la envidia, la ira, la tristeza, la avaricia, la gula y la lujuria. Y, con toda honestidad, me parecen mucho más acordes con la mayoría de mis amigos que los de la lista de Evagrio. Quiero decir que cuando piensas en la gente que conoces, dices: «No le soporto. ¡Es tan presuntuoso!». A diferencia de la lista de Evagrio, la del papa Gregorio comenzaba por los pecados más graves y seguía un orden decreciente. En su cosmovisión, el pecado se medía por el grado en que impedía a un humano sentir amor por Dios.

Pereza = Santidad

Mi objeción al papa Gregorio sería que pecar consume energía. Uno tiene que levantarse bastante temprano por la mañana para tener avaricia, lujuria o incluso soberbia. Si nos quedáramos en la comodidad y seguridad de nuestras camas, posiblemente todos seríamos hombres más santos. Es verdad que durante la Edad Media se construyeron algunas de las grandes iglesias y catedrales del mundo, pero, al mismo tiempo, la aplicada adulación organizada de Dios condujo a su propio declive, ejemplificado en la reforma protestante del siglo XVI.

Ha habido dos grandes cambios en la lista de pecados después de que el papa Gregorio la actualizara en el siglo VI. Santo Tomás de Aquino rebatió la idea de que determinados pecados capitales eran más mortales que otros. A diferencia de Evagrio y el papa Gregorio, santo Tomás de Aquino creía que era igual de probable que todos estos pecados lo llevaran a uno directo al infierno. Francamente, no entiendo cómo estar triste en la sala de tu casa puede ser tan malo como acostarte con la mujer de tu vecino (algo que, por cierto, hice en varias ocasiones antes de convertirme en un perezoso a tiempo completo). Para Aquino, el pecado de tristeza era espiritual, no físico. La muchacha más perezosa de su pueblo estaba demasiado aletargada para abrazar a Dios o hacer alguna buena obra en nombre de Dios. Finalmente, las quejas de que la «tristeza» era algo demasiado vago para ser un pecado hizo que la Iglesia la reemplazara por la «pereza» en el siglo XVII.

La virtud de la tristeza

Ochocientos años de pensamiento teológico cristiano hicieron que el pecado de la «tristeza» evolucionara hasta convertirse en «pereza». Resulta interesante que emociones profundas, que ahora vemos que expresan en programas de entrevistas como *Oprah*, se consideraran pecado. Tomás de Aquino señaló que esta tristeza, o «acedía», normalmente aquejaba a los monjes a las 4 de la tarde. Cualquier médico internista con experiencia podría decir que, a las 4 de la tarde, los monjes que vivían con una dieta a base de su propio pan y miel lo que sufrían era una fuerte hipoglucemia. Ningún psiquiatra moderno se atrevería a afirmar que la tristeza es un pecado. La tristeza no es más que la razón para comprar a buen precio Prozac y otros antidepresivos en Internet.

El lento movimiento del perezoso

¿Y qué ocurre con el verdadero animal, el perezoso? ¿Por qué el pecado de pereza no se llama cerdo o gato gordo? Cuando piensas en que los contenidos del estómago de un perezoso bien alimentado constituyen casi dos terceras partes de toda su masa corporal, no puedes por menos que quedar impresionado de la cantidad de comida que ingieren esas criaturas. Es posible que ni siquiera la joroba de un camello constituya las dos terceras partes de su peso corporal. Y sin embargo, los perezosos se alimentan únicamente de hojas. Es una dieta muy focalizada y no muy curiosa. Las hojas aportan poca energía y, en consecuencia, los perezosos gastan aún menos. Por lo general, estos animales comen, duermen e incluso paren colgados de las ramas con sus especializadas, largas y curvadas garras. Pueden pasar hasta una semana entera sin ponerse en posición vertical. He intentado hacerlo, pero sólo lo conseguí durante cinco días.

Inercia

Los perezosos no tienen defensas. No son animales agresivos. Están contentos de pasar el tiempo camuflados en los árboles y rara vez tocan el suelo. Incluso son pocas las veces en que una madre perezosa se decide a bajar y recoger a un bebé perezoso que se ha caído. Aunque por lo general esto acaba ocasionando la muerte del bebé perezoso, la mamá perezosa sabe bien que no debe moverse. Permanecer inerte es la máxima prioridad de este animal.

He encontrado un texto de un monje, Benedictum Benedix, de quien la hermana de la mujer de su primo conoció una vez a Tomás de Aquino. Dice Benedictum Benedix que esta mujer escribió una parábola llamada «El castor infatigable y el perezoso». Voy a compartirla con todos vosotros.

> Había una vez un castor infatigable que vivía debajo de Chartres. Y cada día, el castor se decía a sí mismo: «¿Qué puedo hacer para ser un castor más santo?». Cada día construía una presa nueva en honor de Dios. Cada día, iba royendo un agujero hasta el santuario principal para poder estar más cerca de Dios. Trabajaba y trabajaba. En un árbol situado junto a la catedral vivía un perezoso que nunca se movía. El perezoso chupaba las hojas del árbol mientras miles de peregrinos acudían a Chartres. Y cada día, el castor se acercaba hasta el perezoso y le decía: «Te miro y quiero moverme. Quiero cons-

truir. Quiero alabar a Dios. Quiero crear. Tu ejemplo me proporciona la energía para seguir adelante». Así, el castor royó y royó un túnel hasta que llegó al gran vestíbulo de Chartres. Y el día en que por fin llegó al santuario, la madre superiora lo vio, empezó a gritar y lo atraparon de inmediato. Mientras el monje más humilde se lo llevaba en una bolsa de papel, el perezoso observaba desde el árbol. «¡Es un santo castor! —explicó el perezoso—. No puedes llevártelo.» Y el monje miró al perezoso y le espetó con desprecio: «Tú no tienes ni idea sobre la santidad. ¡Vete a chupar una hoja!». Ahogó al castor en un lago que él mismo había represado como acto de homenaje a Dios. Y mientras el agua llenaba el cuerpo del laborioso castor, éste pensó en su interior: «Desearía haberme parecido más al perezoso. En el perezoso, y no en Dios, está encerrada la clave de la vida».

Cuando Tomás de Aquino encontró la parábola de la hermana de la mujer del primo de Benedix, la quemó inmediatamente. Pero lo que Aquino no sabía es que había una copia en la tienda de regalos de Chartres. Y ahí es donde la encontré yo. Se la he mostrado a otros expertos, que no le han prestado ninguna atención y dicen que me he inventado tanto la parábola como a su autora. Pero yo les digo que soy demasiado perezoso para inventar algo y que, por tanto, debe de ser cierta.

¿Cuál es el significado?

El significado de la parábola de Benedictum Benedix es claro: a veces les suceden cosas malas a personas buenas, o buenos pequeños castores. La cantidad de esfuerzo que hagas, o lo infatigable trabajador que seas, no va a cambiar eso. El castor, que dedicó toda su vida a intentar acercarse a Dios, fue al final ejecutado por los servidores de Éste. El perezoso, cuyas palabras al monje en favor del castor fueron la mayor actividad que realizó en años, viviría feliz para siempre. Ahora comprenderás por qué Tomás de Aquino se vio obligado a quemar esta historia. Era antiética para esta rama de la santidad.

¡Únete al movimiento!

En el siglo XIX, la pereza se convirtió no sólo en un pecado contra Dios, sino también en un pecado contra el capitalismo y la Revolución Industrial. Considéralo de este modo: la Revolución Industrial exigía personas laboriosas. Una época de los inventos necesitaba personas deseosas de inventar. Aunque se suponía que las máquinas iban a reducir el trabajo, en realidad hicieron posible que el trabajo aumentara.

Cuando los Padres peregrinos llegaron a Plymouth Rock en Massachusetts, lo hicieron por verse obligados a buscar un nue-

vo territorio que les garantizara la libertad religiosa y librarse de la pereza. Los derechos fundamentales de los estadounidenses son el derecho a la vida, la libertad y la búsqueda de la felicidad. La búsqueda de algo exige un pensamiento original y sentido común. Estados Unidos era un nuevo mundo en el que la herencia y la clase no eran necesarias para triunfar. Era mucho más importante la anticuada perseverancia.

La sociedad estadounidense ha evolucionado desde aquellos días de fervoroso puritanismo. En el vértice del nuevo milenio, Estados Unidos alberga al movimiento en favor de la pereza que se extiende más rápidamente en el mundo. Y con este libro quiero ayudarte a que te unas a este movimiento. En las páginas siguientes te detallaré cómo convertirte en un perezoso en tu dieta, en el ejercicio físico, el trabajo e incluso la vida amorosa. ¿No es hora de que superemos los preceptos de los puritanos y de Tomás de Aquino? Estamos en el siglo XXI, ¿no es hora de que consideremos la satisfacción personal que genera la pereza?

CAPÍTULO CUATRO

La pereza cambiará tu vida

Triunfarás con la pereza. La pereza cambiará la forma en que consideras tu cuerpo y tu vida. La pereza te ayudará a dejar de atiborrarte de comida, porque puedes comer todo el tiempo. Puedes aprender a controlar tus ansias, porque tener ansias requiere un esfuerzo. Es imposible ser perezoso y soberbio o incluso lujurioso. La soberbia requiere cierta ambición y con la pereza, la ambición se convierte en algo del pasado. Considérate de vacaciones permanentes.

Los tres tipos

Me gusta dividir a aquellos a los que la pereza puede salvar potencialmente en tres categorías:

Categoría uno: Siempre hay alguien a quien se le oye decir: *«Descanso todo el tiempo pero siempre estoy cansado»*. Créeme, esta persona no descansa nunca. Es posible que esté tumbada, pero está pensando: «Debería estar haciendo ejercicio, debería estar leyendo, debería estar practicando sexo con mi vecino, debería estar ganando más dinero, debería estar hablando con mis hijos sobre su drogadicción». Esta persona con cansancio crónico es un candidato ideal para la pereza. Al adoptar un estilo de vida perezoso, descansará de verdad por primera vez en su vida.

Categoría dos: *«Yo no necesito descansar. Yo progreso en la vida»*. ¡La de veces que lo he oído! ¿Quién puede progresar en la vida? En la vida hay enfermedades, actos fortuitos de violencia, catástrofes naturales, gobiernos fascistas ocultos, por no mencionar la pobreza y el hambre mundiales. Si miras la vida de frente, lo más probable es que no puedas progresar. Incluso el amor se desvanece. Una vez que adoptas la pereza, estás afrontando una reacción responsable a la verdad sobre la vida.

Categoría tres: Éste es mi favorito, el tipo que dice: *«Hay ciertas cosas que tengo que hacer»*. ¿Como qué? ¿Ver la torre Eiffel? Yo le digo que mire el canal Viajar. ¿Tener relaciones sexuales con Britney Spears? Ver su vídeo en la comodidad de tu sala de estar es una experiencia casi idéntica. ¿Visitar a tu madre antes de que muera? Colega, si no has sido amable con tu madre en toda tu vida, esta visita final no la va a recompensar. Y para aquellos de vosotros que *necesitáis* convertiros en directivos de compañías, ¿no es mejor eludir la inevitable tentación de la corrupción y la evasión de impuestos? Mirad a vuestros amigos de Enron: les habría beneficiado un poco de pereza.

Por supuesto, ya sé cuál es tu siguiente pregunta. Estás empezando a verlo desde mi punto de vista. Estás empezando a pensar: «Sí, tiene razón. Pero, ¿cómo lo consigo? ¿Por dónde empiezo? No puede ser tan sencillo como eso». Pues lo es.

La simplicidad de la pereza

Déjame que te explique, antes de que te proporcione el régimen conductista de la pereza, algunos datos científicos simples.

Comprender la importancia de la letarguiosis

Un fenómeno científico llamado «letarguiosis» —el proceso de eliminar la energía y el dinamismo— es el primer paso decisivo para convertirse en un perezoso. Al quemar la ambición en lugar de alimentarla, la letarguiosis rompe el ciclo del exceso de energía y los sueños acumulados. Para quienes no seáis médicos, os explicaré este método un poco más claramente. Las actividades diarias nos aportan pocas esperanzas y sueños con los que alimentar el cuerpo. Hacen que sea posible levantarse a la mañana siguiente. Por ejemplo, si hemos aprendido o experimentado algo nuevo, queremos probarlo otra vez y aprender aún más. Ésta es la forma maligna en que funciona la televisión infantil. O, en las relaciones más personales, si hemos conocido a alguien por el que nos sentimos atraídos, podríamos querer verlo de nuevo. Nuestro interés se ve atraído por una saga continua en el lugar de trabajo o en el desarrollo continuo de nuestros hijos. Como nos dejamos engañar por la curiosidad y la esperanza, no reparamos en la futilidad de nuestros grandes sueños y objetivos. Resulta más fácil pensar en la persona que trabaja en el cubículo de al lado que centrarse en el tema de si es posible o no la satisfacción profesional.

Cuando nos privamos a nosotros mismos de toda actividad, tenemos no pocos objetivos diarios en los que fijarnos. Entonces nuestra imaginación tiene que ocuparse de cosas más importantes y es cuando entramos en la letarguiosis. Tras unas cuantas semanas aniquilando tus grandes sueños, tu imaginación alcanza un estado de vacío y carece de ambición. Es entonces cuando te das cuenta de que la letarguiosis ha funcionado porque no hay razón alguna, grande o pequeña, para levantarse. Sales de la letarguiosis como un auténtico y completo perezoso.

Letarguiosis frente a tranquilidad

¡Atención! No confundas la letarguioisis con un trance meditativo. La meditación exige un esfuerzo y es una forma impuesta de tranquilidad. La letarguiosis no es un estado de tranquilidad, es un estado de falta de motivación. Para poder meditar es necesario tener una mente ordenada y metódica capaz de entrar en trance debido a la ridiculez de la repetición. La pereza no es en modo alguno metódica. En realidad, es el antimétodo. El estado de letarguiosis no es un trance sino un estado de debilidad.

Las diez principales mentiras sobre la pereza

Antes de que pasemos al verdadero plan de vida de la pereza, quiero conceder la palabra a aquellos lectores que tienen dudas. Soy consciente de vuestras críticas y estaré encantado de enumerarlas, pero simplemente no tengo energía para refutarlas. He aquí una lista de las diez principales mentiras sobre la pereza:

1. La pereza es peligrosa y causa una serie de problemas médicos.
2. La pereza te hace engordar. (Recuerda que incluso comer requiere una cantidad de energía que el perezoso no está dispuesto a emplear.)
3. Una vida perezosa es desequilibrada y deficiente en cuanto a interacción humana.
4. Un estilo de vida perezoso puede hacer que las personas se sientan cansadas y débiles y hace aumentar la presión arterial.
5. La pereza es una conspiración anticapitalista.
6. Los humanos tienen que vivir en posición vertical, no horizontal.
7. La letarguiosis causa halitosis. (Sólo a los perros.)
8. La pereza causa estreñimiento.
9. La pereza conduce a la atrofia mental.
10. La pereza desembocará en el fin de la democracia y de la civilización.

Ante todas estas mentiras, yo os digo que nadie que fuera perezoso ha ido nunca a la guerra. Nadie ha sido asesinado o ha muerto en nombre de la pereza. Además, la pereza no participa en cruzadas religiosas. El terrorismo exige iniciativa y astucia. Si los perezosos son fundamentalistas, su creencia fundamentalista es descansar. El odio te roba energía. La destrucción de la capa de ozono exige diligencia. Por tanto, la pereza puede salvar a la humanidad.

En la segunda parte os presentaré un plan exacto sobre cómo comenzar a ser perezoso hoy mismo y para toda la vida.

SEGUNDA PARTE

Cómo conseguirla

CAPÍTULO CINCO

El éxito con la pereza

Limpieza

Buena parte de tu éxito con el Plan Pereza dependerá de lo bien que te prepares para él. Necesitas limpiar tu vida personal, tu vida profesional y tu vida física de todos los embrollos anteriores. Comprendo que esto te parezca difícil, pero te voy a ayudar.

Vida personal

Corta todos los vínculos. Sé que aquellos de vosotros que sois hombres y mujeres familiares y estáis profundamente involucrados en las vidas de vuestros cónyuges e hijos vais a decir: «Pero tengo que estar allí para recoger a Johnny en la escuela», o «Tengo que ver a Cindy jugar al fútbol», o «Tengo que preparar la cena a Joe», o «Tengo que mantener relaciones sexuales con Selma o de lo contrario me dejará». Mi respuesta a todos vosotros es que incluyáis a todos vuestros seres queridos en vuestro equipo. Decidles que lo que estáis a punto de hacer os va a reportar una vida más feliz, más sana y más larga. Si de verdad os quieren, querrán mantenerse cerca y os apoyarán en esta tarea. Si, por el contrario, tu cónyuge depende por completo de tus ingresos, de que cocines o de tus favores sexuales, ¿quién demonios le necesita? ¿No sería mejor para tus hijos que aprendieran a distinguir? ¿No es ya hora de que dejes de permitir que dependan de ti? Piensa en ello de este modo: un perezoso en un hogar a menudo puede inspirar al resto de la familia a unirse al revolucionario estilo de vida. Te pondré un ejemplo. En cuanto un Von Trapp comenzaba a cantar, el resto no podía por menos que hacer lo mismo. Por supuesto, debido a sus cantos y su huida de la Austria ocupada por los nazis, los Von Trapp representan la antipereza. Pero lo importante es por qué, una vez que ascendieron los Alpes y llegaron a Vermont, no se pudieron relajar un poco en lugar de abrir una ridícula pensión. De modo similar, un perezoso inspirador puede hacer que toda su familia abandone todo esquema y régimen fútil. La familia que holgazanea unida permanece unida.

Vida profesional

La vida profesional es un poco más complicada. Se puede ser un perezoso y seguir teniendo solvencia económica gracias a un ordenador portátil. Cada vez es mayor el número de ciberperezosos y, en ese sentido, la ciberpereza aumenta. Por ejemplo, mi último catálogo incluye *software* activado por la voz que elimina la necesidad de presionar las teclas, pijamas que se limpian solos y no necesitan lavandería y comida que se cocina sola en la mesa.

Y lo que es más importante, para poder ser un auténtico perezoso, antes debes cancelar todas tus citas. La gente puede ir a verte mientras no te haga andarte con cumplidos o alguna otra cosa. Y no puedes tener ninguna fecha límite para nada, pues cabe esperar que no puedas cumplirla. Para conseguir la letarguiosis debes obligarte a ti mismo a no hacer absolutamente nada durante el período de inducción de dos semanas a fin de purgar tu sistema de todos los impulsos relacionados con el trabajo que te ha implantado la sociedad. Una vez que salgas de la letarguiosis, puedes ser productivo si quieres, pero sólo si quieres, a tu manera, y sin expectativas externas. Por cierto, podrías querer echar un vistazo a tus inversiones de vez en cuando para financiar tu pereza y pagarme la consulta, algo que puedes hacer a través de mi página web: www.sloth.org.com.edu.

Vida física

No escuches a ningún médico. Los médicos son unos charlatanes. Te dirán que necesitas hacer ejercicio. Te dirán que tienes la tensión alta. Te dirán que tienes que limitar tu ingestión de grasas, tu ingestión de proteínas, tu ingestión de hidratos de carbono y tu ingestión de azúcar, el alcohol y el tabaco. Todos los médicos están a sueldo del conglomerado farmacéutico. Puede que sea de conglomerados farmacéuticos orgánicos, de conglomerados farmacéuticos del este o de la compañía Merck, pero todos ellos perciben comisiones.

A los médicos les interesa eliminar a los perezosos para que continúes yendo a sus consultas. También les interesa crear relaciones parasitarias. ¿Cuántos de vosotros recibís correos electrónicos anónimos para que compréis Viagra con descuento? Todos esos correos electrónicos los envían miembros del sistema médico. Si adoptas el estilo de vida de la pereza, puedes borrar todos esos correos hoy mismo. La Asociación Médica Estadounidense (AMA) inventó la depresión. Cuando eliminaron el tratamiento de choque como principal método para tratar la depresión aguda, lo hicieron porque sabían que podían enganchar a más pacientes con el Prozac y el Zoloft, y con cualquier otro fármaco que vaya a aparecer próximamente.

Los médicos también están a sueldo de los clubes de salud, los hoteles, los cruceros y los mercados de frutas coreanos. Están implicados en una conspiración internacional para hacerte creer que puedes mejorar tu vida consultándolos y comprando sus productos. La pereza eliminará de tu vida a la profesión médica. Quiero que tires ahora mismo todos los medicamentos para la tensión, todos los antidepresivos, todas las pastillas para el tiroides, todos los antibióticos, todos los antiácidos, los antihistamínicos, los potenciadores sexuales y todos los medicamentos para alterar el estado de ánimo. No necesitarás ninguno de ellos con la pereza.

Acomodarse

Una vez que hayas hecho la limpieza necesaria, es importante que prepares tu nido. Asegúrate de tener un sofá cómodo en el interior o una hamaca en el exterior. Me gustan las almohadas con relleno de plumas, pero si eres el tipo de persona que prefiere una almohada de espuma, adelante y sé mi invitado. A quienes viváis en climas más fríos, os sugiero un edredón nórdico, o tal vez algo con un forro térmico.

Ingredientes básicos

Debes colocar una mesita baja lateral al alcance de la mano para poner la comida y otras cosas básicas. Te sugiero una caja no perecedera de galletas Oreo con triple crema, Cheetos, patatas

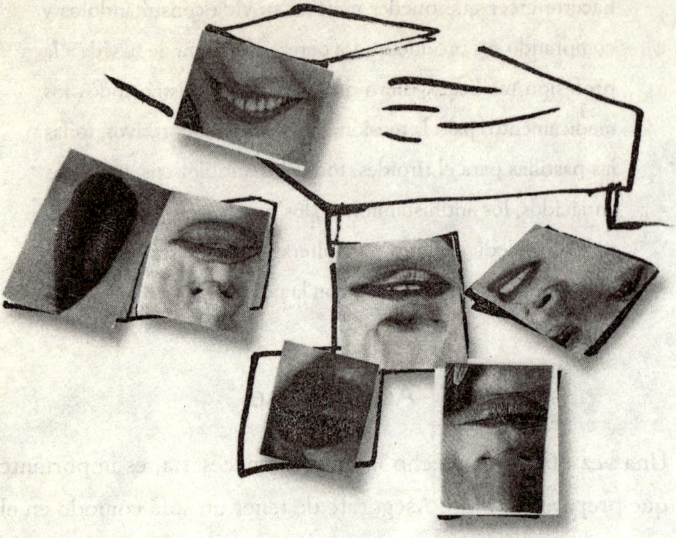

Salt'n'Vinegar, orejones y nueces para las proteínas. Puedes beber todo el alcohol que tú quieras, pero ten cuidado de no consumir demasiado líquido, ya que esto te haría ir a menudo al cuarto de baño. Estos viajes pueden resultar demasiado agotadores para un perezoso. Recuerda que son los médicos quienes te dicen que tienes que beber ocho vasos de agua diarios. Me gusta tener montones y montones de revistas en la cama, pero, una vez más, ten cuidado de no topar con ninguna noticia urgente. Son preferibles las fotografías a los textos. Por ejemplo, yo disfrutaba mucho con el matrimonio de Jennifer Aniston y Brad

Pitt y la cambiante situación de sus peinados. Algunos perezosos disfrutan teniendo un gran televisor de plasma colgado cerca de su lugar de descanso. Os sugiero uno que conecte inmediatamente con el canal de dibujos animados y que acceda fácilmente a la MTV y a las reposiciones de Roseanne en Nickelodeon, y tengo que admitir que me vuelve loco Charlie Rose. También déjame decirte que no hago nada en contra de esta afición: no actúo contra ella en modo alguno. Y además, apago el sonido cuando Charlie está entrevistando a alguien que posiblemente podría hacerme querer estar activo.

Juzga tú mismo

Finalmente, juzga tú mismo. Cuando la cantidad de actividad que realizas caiga en picado, te sorprenderá la poca comida que necesitarás para sobrevivir. Aunque tengas esa pequeña mesa baja preparada a tu lado, te cansarás de las Oreo con triple crema. Sé que parece imposible, pero es cierto. Juzgar tú mismo, o mejor aún hacer que alguien juzgue por ti, te mostrará que estás en el camino acertado.

¡DE ACUERDO!

PREPARADOS..., LISTOS..., ¡PEREZA!

CAPÍTULO SEIS

Bienvenido a tu pereza interior

El período de inducción

Ahora estás preparado para iniciar el estilo de vida de la pereza. Durante las dos primeras semanas, debes tener mucho cuidado de cumplir todas nuestras reglas o no se desencadenará la letarguiosis. No puede haber trampas, o yo mismo en persona iré a tu casa a reprenderte, y ya sabes cuánto odio tener que levantarme. Te prometo que el estilo de vida de la pereza funcionará, pero sólo si aceptas el compromiso. Puedes ser perezoso en todos los aspectos de tu vida, excepto en las siguientes reglas:

LAS DIEZ REGLAS DE LA PEREZA

1. **No limpies**. Olvida todo lo que has aprendido en el parvulario acerca de guardar los juguetes en su sitio. Guardar las cosas en su sitio hace que el trabajo sea doble, porque necesitarás sacarlas la próxima vez que las necesites. Cuanto más accesible sea algo, más fácil será tu vida. A partir de ahora, piensa que el desorden es creativo e incluso divertido. No existe el cubo de la basura. El lugar adecuado para los envoltorios de los caramelos es el suelo.
2. **No te laves**. Vivimos en una sociedad con problemas ecológicos porque estamos obsesionados por el baño. En realidad no hay ninguna necesidad de ducharse cada día. Lo que se consigue es privar a los bosques lluviosos y a tu propio cuerpo de la humedad y los aceites esenciales. De hecho, se ha demostrado que lavarse la cabeza cada día destruye el volumen, el brillo y el color natural del cabello. Báñate sólo cuando notes que estás a punto de contraer algo desagradable, como hongos o tiña. No tengo nada en contra de los hongos o la tiña en sí mismos, pero su aparición puede desembocar en una cita con el médico, y ya sabes lo que pienso de ellos.
3. **Aprende a quererte tal y como eres**. Créeme, no vas a ser una persona mejor o más feliz por perder 18 kilos, aprender

a hablar francés o leer el *Ulises*. Yo leí el *Ulises* y *El despertar de Finnegan* antes de descubrir la pereza y seguí siendo un desgraciado. Y nadie aprende a hablar francés tan bien como alguien que ha nacido en Francia, algo que cualquier francés estaría encantado de decirte. En cuanto a la pérdida de peso, es un inútil vaivén de altibajos. A Jenny Craig o cualquier otro gurú del adelgazamiento no le importa lo más mínimo si estás gordo o delgado mientras pagues una cuantiosa tarifa de iniciación a la gordura. Y créeme, ni el peso ni la tensión arterial de nadie aparecen enumerados en las necrológicas.

4. **Deja de competir**. La motivación es estimulada por la competición. En otras palabras, a menudo hacemos un trabajo que no nos interesa necesariamente sólo porque queremos hacerlo mejor que la persona que se sienta a nuestro lado. Olvida quién se sienta a tu lado. Olvida que tu hermana se casó con un tipo que tiene cien millones de dólares. Olvida que tu mejor amigo parece treinta años más joven que tú. Olvida que los hijos de los demás han entrado en la universidad y el tuyo anda robando tapacubos. El verdadero dinero está en manos de unos pocos y lo más probable es que nunca vaya a ser tuyo. Por tanto, ¿por qué habrías de molestarse en competir si inevitablemente sólo vas a conseguir una minúscula e insatisfactoria parte del pastel?

Sí, existe gente como Oprah Winfrey que se ha superado a sí misma mediante el esfuerzo para tener un éxito apabullante, pero, ¿sabes si es realmente un ser humano? ¿Sabes si ha tenido un solo momento de pereza en su vida? Personalmente, lo dudo. Mi consejo a todos vosotros es que desconectéis mientras podáis. Si Oprah tuviera que desconectar —si tuviese que renunciar a su programa, su dieta, su agenda y sus ayudantes—, estoy convencido de que no sabría qué demonios hacer consigo misma. Estaría vacía. En un mundo donde dos aviones pueden destruir el World Trade Center, ¿acaso la única forma de sobrevivir no es enfrentarse al vacío?

5. **La comida ya no es un problema**. Sé que te he mencionado que tengas al lado galletas Oreo con triple crema, amén de orejones y nueces. Pero éste es el objetivo a largo plazo. En tus dos primeras semanas, me importa un bledo lo que comas y a ti debería ocurrirte lo mismo. Come lo que quieras. En su libro seminal, *Fat is a Feminist Issue*, Susan Orbach, animaba a las personas que seguían su dieta a llenar sus casas de los alimentos que más ansían (helado, *halvah*, galletas de chocolate, quesos muy cremosos...) y desmitificarlos. En otras palabras, animaba a la gente a encarar sus fantasías alimentarias secretas. Yo personalmente no creo ni en el feminismo ni en la dietética, pero como creo que no hay lími-

tes, te saciarás y con el tiempo cesará la ansiedad. Es difícil que te sigan apeteciendo un helado de *brownie* con salsa de chocolate caliente o pizza cuando siempre están a tu alcance.

6. **No existe el más allá**. En muchas religiones, la finalidad de llevar una buena vida es garantizarse a uno mismo un más allá digno. Pero he podido saber gracias a un hecho que no existe el más allá. No hay puertas nacaradas, no hay cielo y, por supuesto, no hay Dios. Ni siquiera hay un ángel como en el clásico navideño de Frank Capra *Qué bello es vivir*, y esto me rompe el corazón. Pero la buena noticia es que tampoco hay infierno. No hay demonios con tridentes, ni un perpetuo hedor a azufre, ni estanques de lava, ni pactos faustianos que hacer. Ni siquiera hay un tipo malvado que pueda amañar los partidos de la liga de béisbol, como el diablo en mi musical favorito: *Malditos Yankis*. En realidad no importa cómo demonios vivas esta vida, así que deja de hacer cualquier esfuerzo ahora mismo.
7. **No seas bueno. O malo.** Otro mito de las escuelas de preescolar es «sé una buena niña» o «sé un buen niño», y además: «A los niños malos y a las niñas malas se les castiga». Cuando aceptas la pereza, aceptas un mundo sin castigos ni en la próxima vida ni en ésta. El karma no es un bumerán. Si encuentras algo bonito que no te pertenece, pero la Pérdida y el Encuentro te hacen desviarte, no te preocupes. En

tanto que perezoso, no tienes ninguna obligación de devolverlo. Sin embargo, si lo más fácil de hacer es devolver lo encontrado, pues hazlo. No se obtienen demasiadas recompensas de la virtud fácil.

8. **Tú eres tu propia pereza**. En un tipo de contrato social lockiano, los perezosos son responsables de su propia pereza. No puedes confiar en que otras personas sean perezosas por ti. ¿Qué ocurriría si te defraudaran e hiciesen algún esfuerzo por ti? Con los derechos llega la responsabilidad y tú debes asegurarte de que eres un perezoso con éxito. No hay policía de la pereza porque vigilar no entra dentro de la mentalidad de la pereza.
9. **Sexo perezoso**. A menudo se me pregunta sobre el sexo durante el período de inducción de dos semanas. El sexo puede destruir la letarguiosis porque puede ser demasiado excitante, incluso cuando no planeas que lo haya. El sexo tiene la desagradable costumbre de sorprender a las personas. Sin embargo, después del período de inducción de dos semanas, te sugiero que te concentres en sexo en el cual tu pareja haga todo el trabajo. Todo lo que has leído sobre la necesidad de satisfacer sexualmente a tu pareja es erróneo. Ella necesita satisfacerte a ti. Por primera vez en tu vida, túmbate y deja que ella lo haga todo. Pienso que, especialmente en el caso de mis pacientes mujeres, es una experien-

cia reveladora. Si tienes problemas para realizar esta transición, yo hago visitas a domicilio. Por favor, cerciórate de enviar por correo electrónico tu fotografía a mi página web si estás interesado en mis servicios sexuales.

10. **Nada es urgente**. Y quiero decir nada. Durante las dos primeras semanas, quiero que recuerdes que no hay ni una sola razón para que te levantes por algo. Ni una emergencia siquiera. Créeme, otro se ocupará de ello si es necesario hacerlo. Si tu casa está ardiendo, tus vecinos apagarán el fuego o, de lo contrario, sus casas se quemarán también. Ahora quiero que te tomes un momento e imagines lo peor que podría ocurrir. Ahora imagina que ya ha sucedido. ¿Qué puedes hacer para impedirlo? Somos hormigas impotentes en el gran esquema del universo. Nada de lo que podamos hacer tiene un verdadero efecto. Dios ha muerto. Y si no me crees, lee a Nietzsche. Pero no lo leas durante el período de letarguiosis.

Ahora, túmbate. ¡Ya has empezado! ¡A holgazanear! Y recuerda, no bebas más de un vaso de agua diario.

CAPÍTULO SIETE

Fase uno: empezar

Preguntas más frecuentes durante la letarguiosis

Ahora estás en mitad del período de letarguiosis de dos semanas y sé que inevitablemente surgirán preguntas. Todavía no eres lo bastante perezoso para darte cuenta de que incluso plantear una pregunta exige mucha energía. Así pues, estoy encantado de responder a las PMF (preguntas más frecuentes).

1. **¿Puedo estar en posición vertical?** No. Al menos, no durante la letarguiosis. Posteriormente, te sugiero una reintroducción gradual al movimiento vertical. Con el tiempo, un perezoso puede hacer todo aquello que quiera. Sin embargo, durante este importante período de dos semanas, tienes que

suprimir toda actividad corporal. Somos víctimas de la propaganda que se basa en la actividad desde el momento en que ingresamos en la sociedad, y el objetivo de la letarguiosis es eliminar de tu sistema estas mentiras.

2. **¿Qué puedo leer?** En primer lugar, yo leería este libro una y otra vez. Deja que sea una venda ante tus ojos. También me gustaría sugerirte literatura que te ayude a dormir, incluidos los clásicos infantiles *Buenas noches, Luna*; *Pat el conejito*; *Buenas noches, Elmo*; y *Clifford el gran perro rojo*. Si insistes en leer novelas, te sugiero *El arco iris de la gravedad* de Thomas Pynchon o el poema épico de Milton *El Paraíso perdido* y su secuela, *El Paraíso recobrado*. Las obras de teatro de Samuel Beckett son también muy relajantes, sobre todo la que lleva el apropiado título de *Fin de partida*, en la que los personajes viven en cubos de basura. También te recomiendo el Diccionario Completo de Inglés de Oxford, que puedes consultar cada vez que necesites dormitar un rato. El libro de canciones de la pereza (véase la página web para más detalles) te ofrece una variedad de cancioncillas que puedes leer y cantar en tu sofá. Una de mis canciones favoritas es el inmortal «I'm Biding my time», de George Gershwin. También me gusta esta letra: «Contar flores en el muro, / no me molesta en absoluto. / Fumar cigarrillos y ver Capitán Canguro. / Ahora no me digas / que no tengo nada que hacer».

3. **¿Qué debería llevar puesto?** Te sugiero prendas holgadas. A mí personalmente me gustan los pijamas de color azul claro. Algunos de mis pacientes prefieren túnicas o camisetas y pantalones de chándal. No te pongas nada que revele la forma de tu cuerpo o te apriete lo más mínimo. Los jerseys también exigen menos esfuerzo que las prendas con cremalleras o botones.
4. **¿Debo contestar al teléfono**? Si te has preparado correctamente para la letarguiosis, no deberías recibir demasiadas llamadas durante este maravilloso período. Pero si suena el teléfono, no contestes. De hecho, podrías querer dejar el teléfono descolgado antes de tumbarte. Una vez que superes con éxito la letarguiosis, puedes hablar por teléfono mientras estás tumbado siempre que no suponga un esfuerzo excesivo. Esto significa que no se pueden mantener conversaciones con parientes políticos o madres narcisistas.

5. **¿Me aburriré**? Es posible que te aburras al principio, pero comenzarás a ver el aburrimiento como algo muy positivo. Nadie, ni siquiera los niños de dos años, necesita una estimulación constante. La continua explosión de imágenes y música en la MTV y otras cadenas para adolescentes está concebida para aliviar el aburrimiento, pero en realidad nos convierte en adictos a la estimulación constante. El estado de aburrimiento está desprovisto de ansiedad y por tanto es deseable para un perezoso. Al aburrimiento se le ha conferido un cariz negativo cuando en realidad es un estado deseable. El perezoso aspira al aburrimiento.
6. **¿Cómo conoceré gente nueva**? En las dos primeras semanas no lo harás. Pero déjame asegurarte que el movimiento por la pereza va en aumento. Hay millones de ciudadanos estadounidenses que se identifican a sí mismos como ciberperezosos. Y me alegra poder decir que también existe un creciente movimiento de perezosos en la China comunista.
7. **¿Me deprimiré?** No, porque no hay nada por lo que deprimirse. Si eliminas de tu vida toda competencia, y todo estrés y presión, eres libre para ser feliz en un estado inerte.
8. **Entonces, ¿cuál es el objetivo de estar vivo?** Estar vivo es como recibir un regalo que no has pedido. Podrías devolverlo, pero es de mal gusto e hiriente. Por tanto, debes aceptar

el don de la vida con la menor resistencia posible. Y, por amor de Dios, disfrútalo. Recibir un regalo que no se quiere es mejor que no recibir ninguno.

Si no hay ya más preguntas, pasemos ahora a la segunda fase del programa.

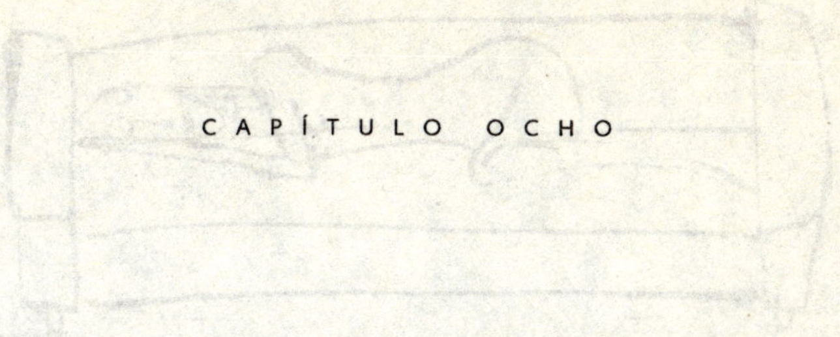

CAPÍTULO OCHO

Fase dos: en marcha

¡Felicidades! Has superado la letarguiosis. Ahora estás preparado para ser un perezoso a tiempo completo. Has mantenido tu cuerpo en un estado similar al del coma a lo largo de dos semanas y ahora te proporcionaré un programa que podrás seguir más fácilmente y, aun así, conseguir la pereza. Me gusta llamar a este programa «Reducción de nuestro ritmo cardíaco total también».*

Comienza por contar los gramos de actividad. Por ejemplo, caminar por una habitación es una actividad normal de dos gramos. Montar en una bicicleta estática, por el contrario, es una ac-

* Se trata de un juego de palabras irreproducible. El acrónimo se correspondería con SLOTH (pereza). *[N. de la t.]*

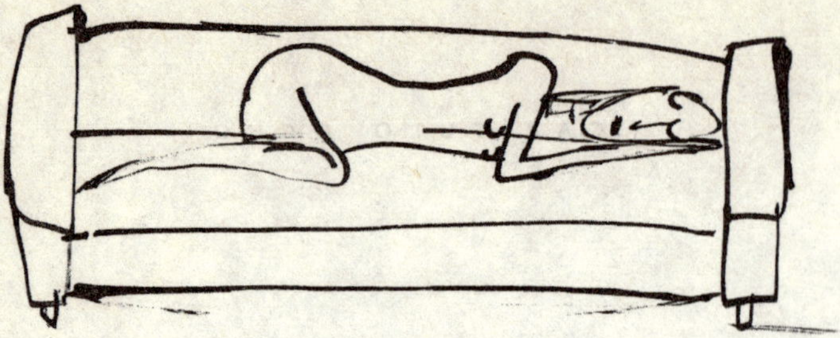

tividad de 400 gramos, mientras comer una barra de chocolate es una actividad de 5 gramos. Pensar es una actividad de 1.000 gramos. En cambio, el sexo pasivo es una actividad de 3 gramos. Te permitiré 50 gramos de actividad diaria. Para ayudarte a empezar, he aquí una tabla de muestra de la actividad diaria:

Tabla de muestra de la actividad diaria

• 10.30 a.m.	Despertarse	10 gramos
• 11.15 a.m.	Comer un donut Krispy Kreme y beber un té Sleepytime	5 gramos
• 11.30 a.m.	Mirar el canal de dibujos animados	5 gramos
• 12.30 p.m.	Leer el *New York Times*	30 gramos
• 12.32 p.m.	Dejar el *New York Times* y leer la revista *In Style*, después leer otro artículo sobre cuáles son para Sarah	

	Jessica Parker sus zapatos favoritos en *Sexo en Nueva York*. En este caso, *In Style* cancela los gramos de actividad del *Times* y el total pasa a ser de	20 gramos
• 1.00 p.m.	Pedir el almuerzo	3 gramos
• 1.30 p.m.	Comer pizza *pepperoni*	15 gramos
• 2.00 p.m.	Siesta ¡Bono negativo!	–30 gramos
• 4.00 p.m.	Llamar por teléfono al corredor de bolsa y descubrir que el valor de tus acciones ha aumentado un 15 %	10 gramos
• 5.00 p.m.	Hora del cóctel (beber vodka solo)	5 gramos
• 6.15 p.m.	Conversación con un amigo	10 gramos
• 6.45 p.m.	Cena Cheeto	8 gramos
• 7.00 p.m.	Sexo pasivo	3 gramos
• 7.10 p.m.	Dormir	0 gramos

Total: 64 gramos de actividad

Así pues, nos hemos pasado catorce gramos de nuestra asignación de actividad de cincuenta gramos. Te pases o no, no te estreses. Recuerda que esto es la pereza. No hay policía de la pereza, excepto yo. Te sugiero que repases de nuevo este día y lo visualices mejor. ¿Qué podrías haber suprimido para ahorrar tres gramos? El reductor de actividad obvio es el *New York Times*. Si tienes que leer las noticias, te sugiero un semanario con grandes fotos impresas en color sobre los famosos. Por ejemplo, no es una mala idea leer sobre las famosas estrellas del deporte, ya que elimina tu propia necesidad de practicarlo. Veamos, ninguno de nosotros podría tener nunca el talento de un Michael Jordan o un Tiger Woods, así que, ¿por qué preocuparse? El *New York Post*, por ejemplo, que a menudo ofrece largos reportajes sobre los Yankees de Nueva York, es útil para este tipo de reducción de la transferencia de actividad.

Todos los sistemas, no

Te sugiero que, por una vez en tu vida, hagas las elecciones adecuadas. Todos los revolucionarios, desde George Washington hasta Vladimir Lenin, han expresado estupendamente que la clave para cambiar es apropiarse de los medios de producción. Pero yo te lo digo de otra manera. Quiero que te apoderes de los medios de producción en tu propia vida y los interrumpas. Quiero que te des cuenta de que, probablemente por primera vez en tu existencia, tienes derecho a ser perezoso. Puedes elegir no responder. Puedes elegir no moverte.

El antídoto

Quiero que visualices —ahora y cada vez que tengas ganas de moverte— el perfecto antídoto de la pereza contra cualquier actividad. En otras palabras, si tienes ganas de correr, recuerda que podrías estar durmiendo. Si tienes ganas de participar, recuerda que podrías estar observando. Si tienes ganas de nadar, podrías estar flotando. Si te sientes agresivo, podrías estar en plena regresión. Si tienes ganas de escalar el monte Everest, recuerda que tienes un cincuenta por ciento de posibilidades de despeñarte y morir. Si tienes ganas de crear, piensa en serio si realmente tienes la capacidad para crear algo completamente nuevo.

¡No cejes!

Quiero que visualices lo que de verdad te hace feliz. ¿No estás siempre feliz al final del día, cuando has acabado tu trabajo, los niños están acostados, todo el mundo ha cenado y es hora de vegetar? Lo que yo te estoy ofreciendo es un estado vegetativo permanente sin que seas un vegetal. Quiero que visualices una vida sin preocupaciones o inquietudes, una vida carente de orgullo u obligaciones. Si realizas este ejercicio de visualización cada día, yo mismo te prometo que estarás en el camino hacia la pereza.

Sé que ahora algunos de vosotros decís que soy un hipócrita. Aquí estoy, pidiéndote que «practiques». ¿No me opongo filosóficamente a la práctica? Quiero dejar esto bien claro. Lo que te estoy pidiendo que practiques es no hacer ningún esfuerzo. Nuestro sistema educativo está contaminado por aforismos como «no importa ganar o perder; lo importante es participar» y «siéntete orgulloso de tu actuación». Para suprimirlos de tu mentalidad tendrás que emplear alguna energía. Pero recuerda que puedes obtener deducciones de energía si lees la revista *In Style* o te pasas el día viendo el canal meteorológico.

Llena tu mente de tonterías

Finalmente, una vez que hayas conseguido aprender a contar de modo involuntario los gramos de actividad, me gustaría que te centraras en serio en llenar tu mente de tonterías. En otras palabras, si lo que piensas es «¿Quién es el soltero de la telerrealidad que se va a casar?» o «¿Es verdad que están a la venta los bolsos de Monica Lewinsky?», descubrirás que en realidad no vale la pena en absoluto pensar en ello. Por ejemplo, durante uno de mis períodos álgidos de pereza, vi deliberadamente las reposiciones de Joan Rivers y su hija Melissa entrevistando a los nominados a los premios Globo de Oro acerca de sus respectivos vestidos. Cuando Joan se deshizo en elogios con Nicole Kidman por su vestido de Chanel, pensé: «¿Por qué me preocupo de esto?». Después, Joan se acercó a Jennifer López y le pidió que le mostrara su anillo de compromiso. Seguí la historia de su intermitente compromiso durante los dos años siguientes y me di cuenta de que, me gustara o no, me sentía obligado a saber más sobre esta mujer de lo que nunca había querido o necesitado. Comencé a considerar la mayoría de las cosas de mi vida de este modo y se me hizo más fácil eliminarlas. Cuanto más ocupas tu mente, más te das cuenta de que no hay razón alguna para consumir la mayoría de las tonterías que nos ponen delante.

CAPÍTULO NUEVE

Estancamientos

Ahora viene la pregunta que todo el mundo me hace llegados a este punto. Recibo al menos mil visitas en mi página web que abordan este tema. «¿Qué ocurre si me estanco? ¿Qué ocurre si no noto que estoy perdiendo energía? ¿Qué ocurre si mi cuerpo padece una estasis?»

Es difícil que esto suceda con la pereza porque, en cierto sentido, es al estancamiento a lo que aspiramos. Pero no quiero interrumpirte demasiado pronto. No quiero que renuncies. Porque mientras haya un poco de energía en tu cuerpo, seguirás pensando: «Quizá puedo hacer trampas. Quizá puedo ir al gimnasio. Quizá puedo conseguir un sobresaliente. Quizá podría ganar algo más de dinero que mi vecino. Quizá podría limpiar mi habitación. Quizá podría incluso seguir —y odio decir esta palabra— una dieta».

(No) te descuides

Mi respuesta a aquellos de vosotros que os sentís estancados es que os habéis descuidado. No estáis siendo lo bastante meticulosos en vuestro recuento de la actividad. No estáis utilizando las técnicas de visualización y sospecho que no estáis empleando ninguno de mis productos para la pereza.

¡Abastécete!

Además del libro de canciones de la pereza del que hemos hablado anteriormente, se pueden encontrar muchos otros productos para la pereza que pueden hacerte superar un estancamiento. En primer lugar te sugeriría mis barritas de desayuno de la pereza, compuestas de azúcar, aditivos y un delicioso toque de somníferos. Las barritas de desayuno también están indicadas para producirte un estado inducido de pereza. Aquellos de vosotros que prefiráis una bebida en polvo, podríais tener en cuenta mi «Desayuno de Batido para No-Campeones». Me gusta recomendar estos batidos en especial a aquellos de vosotros que habéis estado evitando los productos lácteos. Mi receta secreta consiste en añadir helado Haagen Daz de galletas con doble chocolate mezclado con la Heath Bar Crunch de Ben & Jerry. Créeme, es el tipo de desayuno que acabará con tu empuje y lo convertirá en debilidad.

Para que os distraigáis durante el día también os puedo sugerir mis bolas Silly Putty. ¿Recordáis la plastilina Silly Putty de cuando éramos pequeños, una sustancia parecida al chicle que podías estirar y estirar? Para aquellos que os habéis estancado y creéis que necesitáis algo para concentraros, he descubierto que estirar Silly Putty ayuda mucho.

Otra forma de acelerar el proceso de pereza es centrarse en los imposibles atolladeros políticos de la actualidad. Recuerda, no quiero que busques soluciones, sino que te sientas vencido y enervado por semejante lío. También he publicado mi propia valoración sobre la política de Oriente Próximo. En este examen superficial verás que no hay ni una sola respuesta a esta poliédrica situación.

Hablando de Oriente Próximo, acabo de introducir una marca de tabaco en mi catálogo de productos. ¿Te acuerdas de cuando todo el mundo fumaba un cigarrillo después del sexo porque era relajante? Bueno, ahora que estamos tan ocupados hablando de los efectos cancerígenos del tabaco, hemos olvidado sus placeres. A aquellos que se han estancado en la pereza, les sugiero que fumen y por supuesto, que dejen las cenizas y colillas por todo el suelo. Fumar nos recuerda lo agradable que puede ser una vida en la que no nos preocupe la limpieza.

Y no olvides mis productos de belleza para el estancamiento. Acabo de introducir una línea de esmaltes de uñas con más de cien colores. Mientras andas holgazaneando, podría ser divertido que te pintaras las uñas de los pies como actividad del día. Pintarse las uñas se adecua perfectamente al régimen de la pereza porque apenas requiere un consumo de energía e inmoviliza tus pies o tus manos mientras el esmalte se seca.

También te sugeriría mi completa línea de mascarillas faciales, algunas de las cuales es necesario llevarlas puestas durante siete días. Por ejemplo, mi mascarilla hidratante del Mar Muerto, que exfoliará tu piel hasta alcanzar el estado que tenía cuando todavía estabas en el útero, requiere dos días de aplicación y cinco días para solidificarse. También dispongo de crema de manos, crema corporal y crema depilatoria del bigote facial. Además, estoy planeando introducir este otoño una línea completa de productos capilares. Mientras te entregas a la pereza, no es malo que enriquezcas tus mechas con un color profundo y duradero, revitalices tus raíces y aumentes el volumen y el brillo de tu cabello.

Los juegos de ciberpereza también pueden ayudar durante el estancamiento. He inventado dos mil variaciones del solitario y un número similar de juegos de Tetris para mantenerte ocupado en los momentos más difíciles. Finalmente, el verdadero perezoso puede penetrar en la realidad virtual de la pereza, donde tu personaje debe pasar todo el tiempo posible en un cibersofá. Tu perezoso virtual, como tu yo real, deben evitar a toda costa la tentación de interactuar y actuar. Cada año, a aquel que ha obtenido la mayor puntuación en la Pereza Virtual, mi empresa le envía una hamaca nueva.

Y por último, en momentos de estancamiento, quiero que pienses en serio en mantener relaciones sexuales pasivas. Si no quieres que vaya yo y las mantenga contigo, puedes encontrar (en mi página web) voluntarios que te permitirán acostarte y tenerlas. No tengo prejuicios contra el sexo heterosexual u homosexual siempre que no participes de forma activa. Sin embargo, he descubierto que un poco de sexo perezoso hace que los jugos fluyan lo bastante sin interferir en el método de la pereza.

Advertencia: ¡no te enamores!

¡No te impliques! No inicies ningún tipo de relación en la que tengas que esforzarte. Si la relación no funciona por sí misma, sin inversión alguna por parte de ninguno de los miembros de la pareja, no vale la pena mantenerla.

Una vez que has superado el estancamiento, estás preparado para pasar al mantenimiento de la pereza. ¡Allá vamos!

CAPÍTULO DIEZ

Mantenimiento de la pereza

Quiero que te preguntes con sinceridad: «¿He ganado realmente la batalla contra la actividad? ¿Prefiero desvincularme que implicarme? ¿Hay algo que aún me haga sentir estrés?». A estas alturas, ya deberías estar libre de estrés y ansiedad.

Prepárate para la pereza permanente

Puesto que has permanecido en un estado de pereza durante algunos meses, ya has establecido una rutina que te ayudará a seguir siendo perezoso el resto de tu vida. Espero que hayas eliminado de tu vida todos aquellos mecanismos que te hacen sentir culpable. Por ejemplo, espero que ya no quede en tu casa ninguna revista de alumnos que te recuerde que tus compañeros de la escuela aún están por ahí progresando. Ahora espero que hayas eliminado de tu vida a cualquier persona por la que pudieras sentirte realmente atraído. Recuerda que el verdadero amor a menudo provoca pasión y la pasión es el mayor enemigo de la pereza. La pasión conduce inevitablemente a la amargura. Y los perezosos son un grupo de personas contentas.

Ahora que has iniciado el mantenimiento, puedes aumentar los gramos de actividad de cincuenta a setenta y cinco. Por ejemplo, si quieres tocar el ukelele mientras estás tumbado, hazlo sin problemas. La masturbación, que no está permitida durante la letarguiosis o durante el período de pereza inicial, es absolutamente válida durante el período de mantenimiento. También es posible que quieras enviar a alguien a buscar algunas de mis revistas, concebidas para que te excites lo bastante como para que disfrutes de la masturbación pero sin que resulte agotadora. Ten cuidado con la pornografía tradicional, que cruza esta fina línea.

En la fase de mantenimiento puedes ver cualquiera de las películas de Julia Roberts, que son entretenidas pero no estimulantes. Yo personalmente evito su película con Hugh Grant porque Hugh Grant me excita demasiado. Otra de mis diversiones favoritas durante el período de mantenimiento es una serie de documentales que produje titulada *Los grandes pensadores*. Cada una de estas películas es un homenaje en profundidad de seis horas a las mentes más influyentes de la civilización. Comienzo por Arquímedes y después le dedico un especial de doce horas a nuestro viejo amigo santo Tomás de Aquino. En él expongo de forma convincente que la tristeza, que Aquino creía que apartaba a los monjes de su deber para con Dios, era en realidad lo que impedía que se volvieran locos y hablasen con los animales como Francisco de Asís.

Si el deber te llama

Samantha Burkowski, de Apartamentos Oakwood, Glen Ridge, California, me envió una pregunta que siempre comparto al llegar a este punto con mis pacientes en la fase de mantenimiento. Samantha preguntó: «Qué puedo hacer para impedir reengancharme a la actividad? ¿Cómo puedo evitar la tentación de moverme?». Lo que le respondí a Samantha, y te digo a ti, es que la adicción es algo muy complicado. Todos somos adictos a agradar a los demás. Desde que somos nenes diminutos, nuestros padres nos dicen que seamos buenos niños y niñas, que hagamos los deberes, que maduremos y triunfemos. Es casi imposible que no nos veamos tentados a demostrar nuestra valía. Como en el caso de cualquier otra adicción, debes dominar tu necesidad de

hacer algo durante todo un día. Pensar en toda una vida sin trabajar podría abrumarte. Mi respuesta es que intentes no hacer nada durante todo un día. Cada día, intenta no cumplir las expectativas de nadie, ni siquiera las tuyas propias. Con la ayuda de Samantha he habilitado varias salas de chat sobre la pereza a las que puedes acceder desde la seguridad de tu sofá. Estas salas de chat te proporcionarán todo el apoyo y el ánimo que ofrecen los grupos de apoyo tradicionales pero sin el inconveniente de tener que salir de casa.

Si todo esto te supone un serio problema, vuelve otra vez al estricto programa de letarguiosis. Todo el mundo quiere hacer trampas de vez en cuando, pero si te das cuenta de que estás haciendo cinco llamadas de negocios consecutivas, o masticando cuando crees que nadie te está mirando, te lo suplico, vuelve a la letarguiosis total. La letarguiosis es una tecla de reinicio cuando tu plan vital se descontrola. Y recuerda, habrá quien trate de incitarte a que vuelvas a estar activo: tus padres, tus amantes, tu jefe, tu contable, Hacienda. Cuando su presión sea insostenible y notes que estás fracasando, toma este libro o llámame y hablaré contigo de ello y te devolveré a la letarguiosis.

Recuerda que lo conseguiste

Recuerda que ser un perezoso te aportará cierta confianza que se mantendrá durante el resto de tu existencia. Por fin has tomado el control de tu vida del modo que siempre has deseado que sucediera.

Has hecho algo más que renunciar, te has retirado de forma permanente del lobotomizado escenario que es la vida del siglo XXI. Lo más probable es que no vuelvas a tener un pensamiento original. Pero en cierto modo nadie quiere que pienses.

Puedes sentirte muy orgulloso de haber resistido a la tendencia. Por fin no necesitas dar una excusa para no ir a cada fiesta que se celebre. Y afortunadamente puedes despedir a todo el personal doméstico.

Recuerda a los «diez grandes»

He aquí una lista de diez personas a las que la historia considera ganadores y a las que yo considero perdedores. Son modelos a seguir peligrosos. Sus historias antipereza, mediante el ejemplo, demuestran la sensatez de invertir en el mantenimiento de una vida perezosa.

1. **Guillermo el Conquistador**: Hijo bastardo que ganó la batalla de Hastings en 1066. William nació bastardo, lo que de por sí es un derecho de nacimiento a la pereza. Pero sentía la necesidad de compensarlo con creces. Al llevar a los normandos a Inglaterra se convirtió en responsable de la proliferación de la ballesta ¿No habría sido mejor que hubiera tenido sus propios hijos bastardos en Francia?
2. **Marie Curie**: Gran científica y modelo femenino que imitar. Aunque madame Curie fue la primera mujer que ganó un premio Nobel, y la primera persona que ganó dos, su continua exposición a material radiactivo debido a su trabajo le

causó la muerte. Si hubiera dejado la investigación y los premios Nobel, habría tenido una vida más larga y feliz.

3. **Lord Byron**: Famoso poeta romántico del siglo XIX. Byron, que nació con un pie zopo, tenía la excusa perfecta para permanecer repantigado en un sofá durante toda su vida. Podría haber escrito volúmenes y volúmenes de poesía mientras descansaba. (En la fase de mantenimiento de la pereza se permite escribir poemas.) Sin embargo, huyó del Reino Unido para escapar del escándalo y murió de unas fiebres mientras combatía en la guerra de independencia griega en 1824.
4. **Leon Trotsky**: Revolucionario ruso. Trotsky fue asesinado con un piolet por un desquiciado anticomunista en México. Mira cómo está Rusia ahora.
5. **William Shakespeare**: Dramaturgo, etc. Shakespeare escribió tantas obras que no sabemos si realmente las escribió todas él. Quizá si hubiese descansado un poco más, habría habido menos palique sobre Christopher Marlowe.
6. **Eli Whitney**: Inventor de la desmotadora de algodón. Aunque parece que las invenciones que fomentan la producción en serie favorecen la pereza, en realidad aumentan las expectativas de productividad total de una forma profundamente contraria a la pereza. La desmotadora de algodón fomentó la esclavitud, y la pereza es radicalmente contraria a

la esclavitud. No me interesa la gente que busca a otras personas para que le hagan su trabajo: me interesa no hacer ningún trabajo en absoluto.

7. **Jack LaLane**. Gurú del ejercicio estadounidense que hizo que la gente pensara que debía estar en forma. Con su ejemplo hizo posible que Arnold Schwarzenegger llegara a convertirse en gobernador de California.
8. **Madre Teresa**: Ahora una santa, dedicó su vida a trabajar para que mejorase la calidad de vida de los pobres en los países del Tercer Mundo. No tengo nada en contra de alimentar a los pobres: a los perezosos no nos interesa el hambre. En realidad, me parece muy bien que se alimente a los hambrientos, pero estoy en contra de las buenas obras que estén intrincadamente relacionadas con Dios, pues abrazar a Dios es la anti-pereza. La única cosa que deberías abrazar es tu manta.
9. **Paul Newman**: Actor de Hollywood, icono estadounidense y empresario. Es posible que te sorprenda encontrar a un actor de Hollywood en esta lista, pero Paul Newman, además de ser un gran actor, es también piloto de coches de carreras, activista del partido Demócrata y empresario de alimentación. No me opongo a que se coman las palomitas de maíz de Newman en el sofá mientras se ve una de sus películas, sobre todo *La gata sobre el tejado de zinc,* porque

está muy atractivo en camiseta. Pero la historia de su vida inspira a otros actores a convertirse en empresarios, poseer restaurantes e interesarse por la política. Los actores deberían aprender de memoria sus frases y marcharse a casa.

10. **Mi madre**: Mi madre crió ella sola a nueve hijos. Cocinaba, limpiaba, amaba a mi padre, bailaba como primera bailarina en el New York City Ballet y también era directora de un instituto público del Bronx. Era voluntaria en el hospital Monte Sinaí y cada Navidad, después de atender todas sus responsabilidades familiares, se iba a trabajar en un comedor de beneficencia. Tenía dos amantes (un juez y un basurero) y también nos alimentaba con productos orgánicos. Nunca habrá una madre tan fabulosa como ella y, en ese sentido, la verdad es que me defraudó.

Memoriza esta lista. Cada vez que tengas ganas de volver a trabajar, recuerda cómo sus celebrados logros perjudicaron sus vidas y a la sociedad en general.

En el próximo capítulo, sin embargo, te ofreceré noticias de última hora sobre los beneficios que para la salud tiene la pereza a partir de un estudio conjunto efectuado entre el Instituto Rockefeller y Quesos Kraft.

CAPÍTULO ONCE

Descubrimiento médico: ¡la pereza es el camino hacia la buena salud!

En un reciente almuerzo femenino sobre salud en Nueva York, Jane Brody, redactora de salud personal del *New York Times*, comentaba: «Todos tenemos estrés en nuestra vida, entre el trabajo, la familia y hacer juegos malabares con agendas apretadas [...]. El truco es evitar el estrés a largo plazo, que puede contribuir a crear serios problemas de salud, como hipertensión, obesidad y diabetes [...]. El estrés puede desempeñar un importante papel en la capacidad de nuestro sistema inmunológico para mantener un equilibrio saludable, posiblemente haciéndonos más susceptibles a la enfermedad».

Casos perdidos

Los siguientes descubrimientos se basan en un estudio de cinco años en el que se siguió a cinco individuos en situaciones con diferentes niveles de estrés. Los resultados son sorprendentes. Aunque se trata de casos extremos de estrés, te aportarán algunas indicaciones sobre lo que te puede suceder si no optas por la pereza.

> **Caso 1. Helen Yaeger de Muncie, Indiana**. La madre de Helen Yaeger se estaba muriendo de Alzheimer. Helen tenía dos hijos en preescolar y un tercer hijo que era ciego, sordo y mudo. Su marido había perdido ambas manos en un accidente con la segadora en su granja, que posteriormente volvió a pasar a manos del gobierno de Estados Unidos. Helen, que era una mujer religiosa, pensó que si creía en Dios podría con todo ello. Una día, la madre de Helen se puso a correr desnuda por la ciudad de Muncie, mientras sus hijos bebían accidentalmente aguarrás en lugar de leche durante el almuerzo. Su hijo discapacitado encendió un radiador en la casa, provocando un incendio que destruyó por completo la vivienda, y su marido en el paro intentó seducir a la vecina de al lado con los pies. El agobiante

estrés que Helen siempre pensó que podría afrontar gracias a su gran fe en Dios hizo que la tensión se le disparara espontáneamente hasta 40/30. Fue a la iglesia a rezar, se desmayó mientras estaba arrodillada y se golpeó la cabeza con un banco. La trasladaron urgentemente al hospital y entró en un coma del que aún no se ha recuperado. Helen es un clarísimo ejemplo de cómo el estrés te puede destruir. Si hubiera internado a su madre en una residencia pública, abandonado a su hijo ciego, matado a su marido y enviado a sus otros dos hijos a convertirse en modelos de Gap, podría haber vendido la granja y echarse a descansar en una hamaca.

Caso 2. Jeremy Strong de New Canaan, Connecticut. Jeremy siempre había soñado con un cargo público. Quería ser útil. Era un hombre que se alimentaba de la excitación de la vida pública. Jeremy quería estar en todas partes, con todas las personas indicadas y poderosas y tomar decisiones importantes todo el tiempo. Dedicó toda su vida a conseguir este objetivo: se especializó en gestión pública en Oberlin y fue un Rhodes Scholar en Oxford. En la escuela primaria había sido presidente de su clase y en la universidad se convirtió en el primer presidente del alumnado estadounidense de la Universidad de Oxford. Cuando Jeremy regresó a su estado natal de Connecticut, se presentó a un cargo público. Tras haber ejercido con éxito durante dos mandatos como gobernador de su estado, decidió presentarse como candidato a presidente. La noche en que iba a anunciar su candidatura a la presidencia, sus rivales políticos le sabotearon. Falsificaron pruebas de que Jeremy había estado malversando dinero del estado de Connecticut para pagar los lavabos de oro de los cuartos de baño de su casa. También filtraron una cinta de vídeo al *National Inquirer* que mostraba a su mujer acostada con su niñera, una ex Miss Connecticut infantil de diecinueve años. El mismo día, Jeremy se vio obligado a hacer frente a amenazas terroristas en todos los almacenes de productos de cuero de Connecticut y le colocaron a escondidas veinte pastillas de éxtasis en lo que él creía que era su complejo vitamínico. Desacreditado, humillado y abatido, Jeremy tuvo que retirarse de la carrera presidencial y se convirtió en el hazmerreír de todos los programas de televisión nocturnos. Animadas por el escándalo, su esposa y la niñera se fugaron juntas. Tras haber tocado fondo, Jeremy agarró las veinte pastillas de éxtasis y fue fotografiado corriendo por la escalera de la estación de tren de Westport. Aunque más adelante se descubrió que todas las acusaciones formuladas contra él eran inventadas, el daño ya estaba hecho. Todavía se puede encontrar a Jeremy en esa escalera, donde sospechamos que vivirá hasta el fin de sus días. Si Jeremy no hubiera tenido aspiraciones, no se habría creado una vida que tan fácilmente destruyeron unos cuantos rumores filtrados a la prensa.

Caso 3. Sara Salzberger de Tampa, Florida. Sara Salzberger era una profesora de aerobic de Boca Ratón que había soñado con convertirse en una estrella de la telerrealidad. Quería ser la próxima ganadora del programa *Joe Millionaire*. Sus diligentes esfuerzos, sin embargo, sólo bastaron para que la eligieran para *Supervivientes 47: el Nilo*. Durante el segundo reto del grupo, una carrera a tres patas, Sara intentó tomar un atajo que la llevó a galopar sobre un nido de áspides muy venenosos. La picaron y acabó en un hospital que fue atacado por musulmanes fundamentalistas. La confusión causada por el ataque hizo que los médicos le amputaran por equivocación una pierna; durante su recuperación, Sara fue confundida con una heredera y raptada por los fundamentalistas atacantes. Sus secuestradores todavía la retienen en una cueva hasta que reciban 100 millones de dólares de la Reserva Boca Ratón. Si Sara se hubiera contentado con ser una profesora de aerobic de Florida, hoy estaría impartiendo felizmente una clase de *steps*.

Caso 4. Tiffany Trento de Los Ángeles, California. Tiffany era una aspirante a actriz de Los Ángeles y siempre intentaba superarse. Sus días transcurrían entre citas en la peluquería, citas para tratamientos corporales, citas para practicar ejercicio, citas para aprender elocución y citas con el estilista. Trabajaba de camarera durante toda la noche en una hamburguesería de Denny's para pagárselo. Intimidada por la competencia, Tiffany decidió que tenía que cambiar su aspecto. Se puso Botox en la cara, Liptox en los labios, se operó un ojo, se arregló la nariz, se hizo un *lifting* en la cara y una liposucción y se redujo la longitud del segundo dedo del pie 1,25 centímetros para poder ponerse zapatos con mucho tacón. Cuando acabó de rehacerse a sí misma, Tiffany se parecía más a una gata siamesa que a la joven ingenua que requerían los papeles a los que optaba. Finalmente, recibió una llamada de un productor a quien servía a menudo en Denny's que quería darle una oportunidad. Pero cuando llegó a la prueba, estaba irreconocible y no consiguió el papel. Convencida de que había perdido el papel porque no estaba lo bastante delgada, decidió quitarse dos costillas. Durante la operación surgieron complicaciones y le retiraron accidentalmente toda la caja torácica. Ahora es un Gumby humano y aunque se ha labrado una carrera como dibujo animado, tiene muchas dificultades para respirar, tragar, caminar, hablar y sentarse erguida. ¿No habría sido mejor que Tiffany hubiera aceptado los rasgos físicos que le había concedido Dios e incluso hubiera engordado un poco? El narcisismo es la antipereza y se debería evitar a toda costa.

Caso 5. Timothy Godwin de Kingston, Jamaica. Timothy era el noveno de once hermanos. Su madre era lavandera en el

Kingston Marriott y no tenía ni idea de quién era el padre de Timothy. Él quería superarse a sí mismo. Un día nadó desde la bahía de Montego directamente hasta Naples, Florida. A su llegada, trabajó como chico de las hamacas en el hotel Ritz Carlton, donde trabó amistad con una sobrina de la familia Rockefeller que estaba pasando allí las vacaciones de primavera del Vassar College. Timothy se enamoró de inmediato y decidió hacer algo para pertenecer a su comunidad. Comenzó por atracar el restaurante Wendy's local con gran facilidad. Después de esto, cometió toda una serie de robos en restaurantes de comida rápida, entre ellos Burger King, McDonald's, Popeye's Children, Taco Bell, Teriyaki Boy, Pizza Hut y Arby's. A continuación fue a Ralph Lauren y se compró un vestuario nuevo. Cuando no estaba desvalijando, Timothy asistía a cursos de bachillerato para adultos y estudiaba para la selectividad. Timothy fue aceptado con una beca en Vassar. Pero dos semanas después de iniciar su primer curso, robó en la Juliet's Brick Oven Pizzería, situada enfrente del campus de Vassar, para conseguir algún dinero en metálico extra. La noche en que le entregaba un anillo de compromiso de diamantes a la señorita Rockefeller, se presentó la policía del estado. Le reconocieron al instante como el ladrón de restaurantes de comida rápida de Florida y le condenaron a veinticinco años de cárcel. Mientras lo esposaban y se lo llevaban, la señorita Rockefeller le miró y le dijo:

«¿Cómo has podido hacerlo? Esta historia ni siquiera es tan buena como *Una tragedia americana* de Theodore Dreiser». El señor Godwin debería haberse quedado en Jamaica fumando marihuana en lugar de ir a Estados Unidos y pensar que podría adquirir una educación superior y casarse.

Caso 6. Renee Molanphy de Minneapolis, Minnesota. Renee creía que podía cambiar el mundo mediante el activismo político. Mientras estudiaba en la universidad, intervino en marchas pacifistas, organizó al personal del comedor de beneficencia local, participó en piquetes para exigir mejores salarios para los profesores, se negó a tocar ningún papel que no fuera ecológico, escribió peticiones para que liberaran a presos políticos, fue a protestar a Washington siempre que pudo, trabajó en una clínica abortista, celebró matrimonios homosexuales en la habitación de su residencia universitaria y ayudó a registrarse a los votantes de las zonas desfavorecidas de Minneapolis. Renee envió paquetes con ayuda a los civiles de Kosovo e Irak que habían sobrevivido a la guerra y destinó todos sus ahorros a causas políticas. Una noche, a las 2 de la madrugada, cuando Renee estaba en casa después de haber asistido a una manifestación de «Take Back the Night», llamaron a su puerta. Ante ella aparecieron agentes del FBI y del Servicio Secreto de Su Majestad, que la acusaron de ser una comunista musulmana ecologista abortista anarquista y estar entre las diez mujeres más peligrosas de Estados Unidos y el Reino Unido. La enviaron inmediatamente a Guantánamo para interrogarla y desde entonces no se ha vuelto a saber de ella. Si Renee se hubiera ocupado más de su propia felicidad en lugar de ocuparse de la felicidad de los demás, ahora mismo podría estar casada y viviendo en Minneapolis.

Caso 7. Roy Goldberg de Rockville Center, Long Island. De niño, Roy Goldberg no podía apartar las manos de las muñecas Barbie de su hermana. Le encantaba hacerlas cantar y bailar todos sus discos favoritos de Barbra Streisand y Judy Garland. Cuando Roy tenía doce años, su actividad favorita era cardarle el pelo a su madre y probarse su abrigo de visón. Cuando Roy estudiaba el último curso de bachillerato, se enamoró de Johnny Akron, el capitán del equipo de fútbol del instituto. La noche en que Roy le dijo a Johnny cuánto lo amaba, Johnny le puso un ojo morado. A partir de esa noche, Roy se prometió a sí mismo no aceptar una vida dentro del armario y hacer todo lo posible para asegurarse de que él y otros pudieran vivir sus vidas abiertamente. Roy se convirtió en un muy exitoso empresario de Broadway e incluso llegó a acompañar a Carol Channing a los premios Tony. Roy conoció a su pareja, Mel, en la Broadway Bares Benefit y estuvieron juntos durante diez años. Después, el último mes en el teatro, Dick Cheney, el vicepresidente de Estados Unidos, fue a decirle a Roy que se tenía que casar. Roy le dijo: «¡Eso es fantástico! ¡Hace años que Mel y yo queremos casarnos!». El vicepresidente le dijo: «No, no. Tienes que casarte con una mujer y he traído una conmigo. Me gustaría que conocieras a Judy Saphiro. Está muy deprimida y apenas habla, pero estoy seguro de que se animará después de la boda». Roy rompió a llorar. «¿Por qué no se me garantizan los derechos a la vida, la libertad y la búsqueda de la felicidad como a todos los demás ciudadanos estadounidenses?». Dick Cheney lo miró y le dijo: «Porque tú no eres como los demás ciudadanos estadounidenses. Tú eres un excéntrico». Roy y Judy se casaron en el hospital de Bellevue, en el que han permanecido desde entonces en la unidad de atención psiquiátrica. Si Roy hubiera sido un perezoso a la hora de revelar su sexualidad, habría vivido una vida larga y feliz y hubiese mantenido su vida secreta, no reconocida e ilegítima con Mel.

Caso 8. Hattie Bjornson de Omaha, Nebraska. Hattie estaba orgullosa de ser una buena ama de casa. Mientras criaba a sus hijos, les decía: «Ya sabéis, niños, el peor de todos los pecados capitales es la pereza». Si sus hijos eran demasiado perezosos para limpiar su habitación o guardar sus juguetes, les decía: «No quiero que te comportes como ese animal que está colgado boca abajo y se pasa el día chupando hojas». Hattie tenía la casa más limpia de Omaha. Se podía comer en el suelo de la cocina. Cada año ganaba el premio a la mejor ama de casa de Omaha. Hattie también era ahorradora y siempre les decía a sus hijos que ahorraran para los momentos difíciles. Hattie guardaba todos los recibos en cajas diferentes: una para la comida, otra para la ropa, una para las películas, otra para el material escolar de sus hijos. Y entonces, un día Hattie ganó el premio de la lotería de Publishers Clearing House, porque había estado guardando todos sus boletos durante los últimos cuarenta años. Como ganadora del premio, le enviaron por Federal Express un cheque por valor de cien millones de dólares inmediatamente. Hattie estaba tan emocionada que escondió el cheque en un lugar seguro especial. Su marido la instó a depositar el cheque en ese mismo momento, pero ella dijo: «No, no. Soy Hattie Bjornson. Sé donde está todo». Esa noche, su marido la llevó a celebrarlo. Durante la cena, la tensión por haber sido tan ordenada durante los últimos cuarenta años y la emoción por haber ganado, desbordaron a Hattie. Sufrió un aneurisma cerebral que le causó amnesia. No podía recordar dónde había puesto el cheque de cien millones de dólares. Su marido y sus hijos vaciaron todos los cajones y pusieron la casa patas arriba. Ella, al ver su casa totalmente revuelta, tuvo un segundo aneurisma aún más grave y todavía no se ha recuperado, y su familia tampoco ha encontrado el cheque que tan bien escondió. Si Hattie hubiera sido una mala ama de casa y se hubiese gastado todo el dinero, nada de esto habría sucedido.

Caso 9. Real Chen de San Francisco, California. Real Chen estaba muy sano. Comprobaba las etiquetas de todos los alimentos que comía para asegurarse de que no llevaran aditivos. Nunca fumaba, nunca bebía, nunca estaba levantado después de las nueve de la noche, caminaba todos los días 6,5 kilómetros por la mañana, nadaba por la tarde a diario, nunca tomaba azúcar, nunca tomaba productos lácteos, nunca comía trigo, nunca tomaba grasas y tan sólo se alimentaba de productos orgánicos. Nunca estaba más de treinta minutos bajo el sol sin protección, se lavaba las manos antes, después y durante cada comida, limpiaba las superficies en las casas de otras personas, llevaba una mascarilla en los aviones y el metro, hacía que las personas con las que mantenía relaciones sexuales llevaran un traje de látex y nunca estrechaba la mano si no llevaba guantes. En su cooperativa orgánica favorita, Real comenzó a echar granola con calabaza en su bolsa. Sin que él lo supiera, un sádico había vertido esporas de ántrax en aquel recipiente de granola, convencido de que si atacaba primero a los más sanos, su acto sería más espectacular. El sádico creía en una especie de darwinismo inverso en el que sólo debían sobrevivir los menos adaptados. Real se convirtió en la primera y única baja de esta efímera guerra bacterioló-

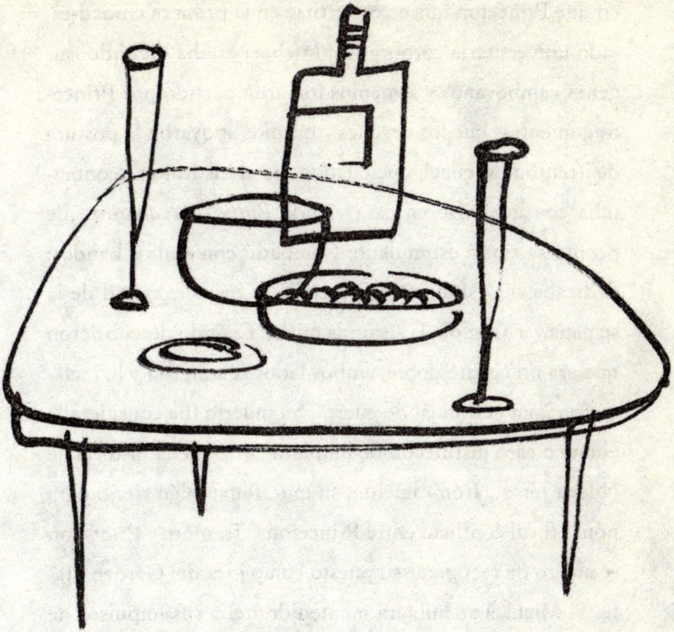

gica. Si Real se hubiera quedado en casa en el sofá y hubiese pedido una pizza Domino, ahora estaría vivo.

Caso 10. Michael Barakiva de Twin Rivers, Nueva Jersey. La herencia armenia, israelí, camboyana y bosnia de Michael le convertía en el único descendiente del cuádruple genocidio en el centro de Nueva Jersey. Michael era un perezoso hasta que estalló la famosa guerra entre Pricenton y Trenton, en que Princeton quiso convertirse en la primera ciudad-estado universitaria corporativa. Michael estaba dividido: sus genes camboyanos y armenios tomaron partido por Princeton, mientras que los israelíes y bosnios apoyaron la postura de Trenton. Michael, que cuando iba al instituto se contentaba con quedarse en casa viendo *Buffy cazavampiros*, de pronto se sintió estimulado. Combatió con ambos bandos: dedicaba sus esfuerzos a Princeton la primera mitad de la semana y a Trenton, la segunda mitad. Cuando descubrieron que era un agente doble, ambos lados se unieron y le reclamaron como criminal de guerra. Su muerte fue considerada el único caso justificado de limpieza étnica de la historia de Nueva Jersey. Irónicamente, su muerte también sirvió para poner fin al conflicto entre Princeton y Trenton, y Princeton se alegró de recuperar su puesto como joya del Garden State. Si Michael se hubiera mantenido fiel a sus impulsos de pereza iniciales en lugar de defender sus herencias, estaría viendo el final de la tercera temporada de *Buffy* por nonagésima séptima vez en la comodidad del sótano de su casa adosada en la periferia.

Resumiendo, todos estos ejemplos revelan que una actitud de pereza habría salvado las vidas de los diferentes casos de estudio. Para más detalles sobre cualquiera de estos individuos, visita la web sobre los perezosos www.sloth.com.

En el próximo capítulo, tengo excitantes noticias referentes a los nuevos perezosos del siglo XXI. Es posible que no se parezcan a algunos de nosotros, pero alcanzan la pereza de una forma sutil y disimulada. Así pues, en esta última adición de *Pereza y cómo conseguirla*, he tenido que incluir un capítulo dedicado a la superpereza.

CAPÍTULO DOCE

Una pausa en el proceso

De pronto me ha vencido el agotamiento. Sé que ha llegado el momento de escribir para todos vosotros sobre el movimiento de superperezosos del siglo XXI, pero ahora mismo no puedo hacerlo. He estado trabajando en este libro durante treinta años y siempre he dormido una siesta después de cada párrafo. He adquirido el síndrome del canal carpiano mientras lo escribía y el cuerpo de bomberos ha tenido que acudir veinte veces a mi casa debido al moho y el hedor que emanaban de ella.

Como puedes imaginar, soy un perezoso entregado. Practico lo que predico. Pienso que ni siquiera debería acabar este libro. Pero creo tan firmemente en el estilo de vida de la pereza que, pese a mis reservas, estoy dispuesto a hacer el menor de los esfuerzos para completar esta obra. Excusadme mientras echo otra cabezada después de haber acabado otro párrafo.

zzzzzzzzzzzzzzzzzzzzzzzzzzzzzzzzzzz

Descanso

Bueno, ha sido un sueño reparador. Nunca podré subrayar lo suficiente hasta qué punto la pereza ha cambiado mi existencia. Anteriormente, practicaba los siete pecados capitales. Y la única cura que tenía para dejar de ser un hombre lujurioso, avaricioso, envidioso, glotón, soberbio y airado era entregarme a la pereza. La pereza purgó mi cuerpo de todos mis impulsos pecadores y me brindó una nueva conciencia que me gusta llamar «La nueva apatía».

¿A quién le preocupa?

En primer lugar, deja que comparta contigo una pequeña estratagema que empleo cada vez que tengo trabajo por hacer y no tengo ningunas ganas de hacerlo. Cierro los ojos, me dispongo a dormir y pongo Muzak en mi ordenador. Soy especialmente aficionado a las versiones de Muzak de «Raindrops Keep Falling on My Head» y del canon de Pachelbel. Vacío mi mente de todos los pensamientos y directrices e imagino que estoy flotando en una balsa sin rumbo. Cuando me despierto y veo papeles por toda la habitación, el almuerzo del día anterior y la corteza de la pizza del último mes, siento que por fin estoy en un lugar en el que yo elaboro mis propias normas y mis motivaciones son puras. Desde este lugar puedo abordar de nuevo el trabajo sin preocuparme por ello. Y la falta de preocupación es lo que ha hecho que este libro, en su primera edición, sea un best-seller mundial. Nunca he aparecido en un programa de entrevistas a menos que el equipo estuviera dispuesto a venir a mi casa para entrevistarme. Sólo firmo libros mientras descanso en una hamaca, y todas las citas que aparecen en la sobrecubierta me han llegado por correo electrónico. A diferencia de cualquier otro libro sobre estilos de vida o dietas que puedas leer, éste ha sido escrito en su totalidad por alguien que estaba tumbado. Mi idea acerca de escribir un libro consiste en redactar un capítulo en el dormitorio y el otro en el patio.

Es culpa tuya, no mía

Perdona, me está cansando tanto escribir esto ahora que tengo que descansar otra vez antes de terminarlo. Y por cierto, si crees que este libro no tiene mucho sentido, eso es culpa tuya, no mía. Tu mente aún está rígidamente controlada y muy poco ordenada. Necesitas entrar en un estado mental de pereza para apreciar de verdad este libro.

Recuerda que si todavía sigues intentando cambiar tu vida, es que no has adoptado la pereza y siempre buscarás algo mejor. Ésta es la mejor forma de conseguirlo. No busques más. Buenas noches.

CAPÍTULO TRECE

Superpereza

En éste, el último capítulo, tengo excitantes noticias referentes a los nuevos perezosos del siglo XXI. Es posible que no se parezcan a algunos de nosotros, pero alcanzan la pereza de una forma sutil y disimulada. Por eso, en esta ultimísima adición de *Pereza y cómo conseguirla*, estoy orgulloso de ofrecer un capítulo sobre los superperezosos, la nueva generación de perezosos.

¿Has estado alguna vez tumbado en el sofá, viendo cómo mujeres muy arregladas de diferentes etnias hablaban en la televisión de cómo pueden con todo? Se llaman a sí mismas «malabaristas» y son capaces de tener un marido, hijos, carreras profesionales, apoyar causas sociales, practicar ejercicio tres horas al día, comer únicamente verdura y contratar a estilistas personales para que les digan qué ropa ponerse cada mañana. O bien,

¿has visto alguna vez a un hombre en la televisión hablar de cómo ganó cien millones de dólares antes de cumplir los treinta, después fue caminando desde Nueva York a China, dirigió tres películas ganadoras del Oscar, se casó cuatro veces y el sexo fue cada vez mejor con una pareja de diferente género? En su aspecto exterior, son los antiperezosos: personas activas e influyentes. Pero al igual que en la política, donde la extrema derecha y la extrema izquierda coinciden, en la pereza los extremos se tocan entre sí.

Sé que en este mismo instante estás comiendo Milky Way rodeado de basura y pensando que he perdido la cabeza. Posiblemente, a cualquier mujer que esté obsesionada con su agenda electrónica, su Blackberry y su teléfono móvil no se la puede considerar uno de los nuestros. Pero esto es lo que yo considero una excitante noticia del siglo XXI y lo que he estado esperando decirte en esta última adición. Todas estas personas supermotivadas y superocupadas son los nuevos perezosos. Os oigo gritar desde vuestros sofás: «¡Eso no puede ser cierto!». Pero ahora os explicaré por qué.

Cuando alcanzas la verdadera pereza, no deseas que el mundo cambie. Los verdaderos perezosos no son revolucionarios. No hay dialéctica posible. No importa si el mundo evoluciona, porque tu objetivo no es conseguir que se logren cosas. Los perezosos no son personas enfadadas u optimistas. Ni siquiera son anarquistas. La anarquía exige demasiado esfuerzo. Los perezosos son los holgazanes guardianes de las puertas del *status quo*.

Por eso puedes mirar a estos supercompetentes y pensar: «¡Por Dios, me agotan! No tienen absolutamente nada que ver conmigo. Cuando están practicando Pilates a las siete de la mañana, yo estoy durmiendo. Cuando están yendo a trabajar, yo sigo durmiendo. Y probablemente, durante sus almuerzos de trabajo, yo estoy echando la siesta. Su interruptor está encendido y el mío, apagado».

Soy consciente de que algunos de vosotros pensáis que ahora mismo parezco un hipócrita. Sé lo que he dicho sobre los supercompetentes antes, pero ésta es una nueva edición revisada. Acabo de llegar a estas conclusiones, de manera, pues, que intenta considerarlo desde mi perspectiva. ¿De verdad están creando estos individuos hiperocupados y superactivos algo nuevo? ¿Son culpables de pasión en alguna medida? ¿Tienen una nueva visión para su gobierno? ¿O para su comunidad? ¿O para sí mismos?

Su objetivo es mantenerse tan ocupados, tan absortos en sus activas vidas, que su espíritu alcance un estado permanente de letarguiosis. En otras palabras, su hiperactividad no es diferente de tu pereza o de la mía. Ya seas un perezoso tradicional o un superperezoso New Age, todos consideramos la posibilidad de un propósito verdadero y la rechazamos. Es mejor conformarse que cuestionar las costumbres del momento, ya sean la moda, la familia o incluso la religión.

La verdadera creatividad exige cierta dosis no sólo de iniciativa, sino de valor para apartarse de la norma. Los nuevos superperezosos están siempre conformes. No están dispuestos a sacudir los cimientos de la posición que ocupan en la sociedad: su riqueza, su poder y los privilegios de sus vidas. Los superperezosos pueden pasarse una hora sobre una bicicleta estática en una clase de *spin* pedaleando a 110 kilómetros por hora sin dirigirse a ningún sitio. Es una metáfora de sus vidas, que están llenas de ruido y de furia pero, como en el caso de los mejores perezosos, no significan nada.

No quiero fanfarronear, pero te diría que esta obsesión del siglo XXI por la fama forma parte del triunfo del nuevo estilo de vida de la pereza (me gusta pensar en ello como la luz de la pereza). Estos famosos parecen estar muy ocupados llevando ropa de Valentino, teniendo hijos, enamorándose, apareciendo en comedias románticas y probablemente logrando muy poco excepto proporcionarnos a todos algo sobre lo que leer y llenar agradablemente el vacío. Sabemos que ninguno de ellos cambiará en nada los fundamentos de nuestra época, porque todos ellos tienen mucho interés en preservar su propio estatus. Algunos famosos se involucran en políticas de izquierda o de derecha, pero cuando llegue la hora de la verdad, no renunciarán a su estatus de famosos por sus creencias.

Al igual que un organismo, la pereza evoluciona para poder sobrevivir en su entorno. Por eso esta nueva generación de perezosos está introduciendo nuestro aburrimiento en el siglo XXI. En cuanto a mí, por una cuestión de estilo, prefiero quedarme en el sofá. Sin embargo, el vacío creativo, espiritual y político de estos nuevos superperezosos me llena de orgullo. Una vez más, quiero que entiendas que antes he hablado de estas personas y he sentido aversión, como lo he descrito en el primer capítulo sobre la profesora de aerobic de Hawai que llevaba un bikini blanco. Pero al igual que los perezosos con dos y tres dedos cohabitan pacíficamente en una misma jungla, miro a estos hermanos superperezosos con una sensación de orgullo.

Esto no significa en modo alguno que debáis cambiar algo vosotros, mis leales seguidores, que habéis alcanzado un estado de pereza tradicional mediante la letarguiosis. A los perezosos, como sabéis, no se les puede comparar y no son competitivos. Desde luego, no os estoy pidiendo que evolucionéis hasta convertiros en nuevos superperezosos. Lo que yo quiero es que veáis que las cifras de ambos grupos juntos son mayores de lo que creéis. De hecho, es posible que los perezosos sean el grupo de interés mundial que más aumenta. Piensa en los avances en la tecnología de los ordenadores, los portátiles, los microondas, los

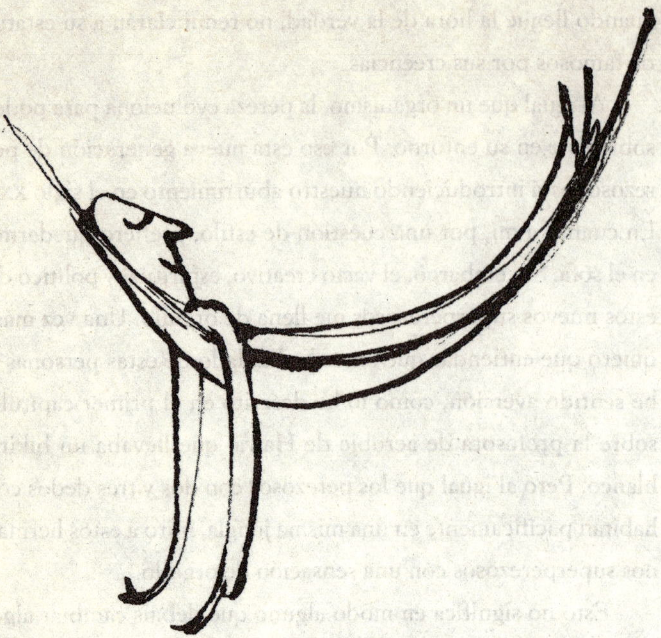

televisores de plasma y los teléfonos móviles. Todos ellos están diseñados para nuestra comodidad.

Así pues, mis queridos amigos y seguidores, estamos llegando al final de este viaje, lo cual significa que podéis desconectar y descansar, si es que no habéis echado ya algunas cabezadas. Al leer este libro, has adoptado la pereza como el más viable de los pecados capitales. Con la pereza tendrás una vida más larga, más feliz y más gratificante. Te liberarás de toda expectativa, falsa esperanza o motivación. A diferencia de otros manuales sobre estilos de vida, dietética o autoayuda que se encuentran ahora en el mercado, la pereza, una vez conseguida, cuesta muy poco de mantener. Como ya te he dicho, la pereza te liberará de todos los terribles *debería* que dominan tu existencia. Eliminará la persistente lucha por la pasión, la creatividad y el dinamismo individual. Por una vez en tu vida, te sentirás verdaderamente cómodo y libre de ansiedad. Y el confort personal es *mucho* más importante que cualquier logro o contrato social.

A aquellos que todavía no estéis convencidos del creciente movimiento en favor de la pereza, que aún creéis en el valor negativo que la pereza ha tenido durante siglos y en la estúpida idea de que la pereza te aleja de Dios, os puedo decir que es probable que tengáis hipertensión, úlceras, falsas esperanzas, ilusiones románticas e inclinaciones comunistas. Todo aquel que aún crea seriamente en las posibilidades, sean políticas o personales, se engaña. Si no te has apropiado de este libro, o has adoptado el estilo de vida de la pereza, todavía estás viviendo no sólo con esperanza sino con una firme creencia en el potencial humano. Y si hay algo que la historia nos haya enseñado es que los humanos aún tienen que crear un mundo verdaderamente pacífico y afectuoso. Los derechos civiles pueden ir y venir, el gran arte puede ir y venir, incluso los salvadores religiosos pueden ir y venir, pero las limitaciones de la vida humana permanecen. Por tanto, ¿no es hora, a principios del siglo XXI, de adoptar honestamente la pereza antes de que algún fundamentalismo acabe con todos nosotros? La pereza no creará grandes civilizaciones, pero tampoco las destruirá. Es hora ya de que nos quitemos los zapatos, nos tumbemos y digamos: «Renuncio».

En el apéndice que sigue a continuación, te mostraré un nuevo contador de gramos de actividad. También habrá una cadena de la pereza en el canal 823, que emitirá programas garantizados para no estimular o hacer reflexionar en modo alguno. Puede que sea difícil distinguir entre éste y otros canales, pero sólo en el canal 823 puedes verme dormir. Quiero desearte la mayor de las suertes y felicitarte por embarcarte en este importante cambio en tu vida. Sé que has realizado un largo viaje antes de llegar hasta mí. Harás muchos sacrificios al aceptar la pereza, pero las recompensas, créeme, serán mayores todavía. Y recuerda, leer este libro es la última cosa difícil que volverás a hacer en la vida. El resto será fácil. A partir de ahora, todo será cuesta abajo. Y nada importa *de verdad.* Si pudiera, os diría que os quiero, pero eso requiere mucho esfuerzo. Dormid bien, compañeros perezosos.

Apéndice

Contador de gramos de actividad

Utiliza este contador para medir tu actividad diaria. Recuerda, el total de gramos diarios recomendados es de 50 hasta que llegues a la fase de mantenimiento, donde podrás incrementarlos hasta 75. Muchas actividades están prohibidas por completo. Por ejemplo, si realmente necesitas correr, no te podrás mover durante las dos semanas siguientes para compensar el consumo de gramos de actividad. Por favor, toma nota también de que determinadas actividades son particularmente perezosas y pueden eliminar el total de gramos de actividad de un día. Están enumeradas como actividades con gramos negativos y te animo de modo especial a que las lleves a cabo.

Comida y bebida

Donut Krispy Creme y té	5 gramos
Pedir un almuerzo	3 gramos
Pizza *pepperoni*	15 gramos
Vodka solo	5 gramos
Una cena Cheeto	8 gramos

Ensalada Chicken Caesar	30 gramos
Sushi	20 gramos
Twizzlers	2 gramos
Algo preparado en casa	el triple del valor de g normales
Pescado a la plancha	40 gramos

Pasatiempos

Ver el canal de dibujos animados	5 gramos
Ver la CNN	50 gramos
Conversación con un amigo	10 gramos
Conversación con un progenitor	100 gramos
Montar en bicicleta	100 gramos
Correr en la cinta rodante	200 gramos
Correr	500 gramos
Patinar	1.000 gramos
Snowboard	te has equivocado de libro
Snowboard virtual	10 gramos
Compras	25 gramos
Compras por internet	10 gramos

Lectura

New York Times (¡Uf!)	30 gramos
Este libro	2 gramos

Revista de cotilleos *Celebrity*	5 gramos
Revista *In Style*	3 gramos
Revista *People*	–5 gramos
Catálogos	–10 gramos
Grandes novelas rusas de finales del siglo XIX	100 gramos
Cualquier otro libro de autoayuda	300 gramos
Las obras de William Shakespeare	400 gramos

Amor, sexo y aventuras

Besar	50 gramos
Sexo pasivo	3 gramos
Sexo activo	200 gramos
Masturbación	100 gramos
Boda (heterosexual)	500 gramos
Boda (homosexual)	600 gramos
Decirle a tu pareja que la quieres	400 gramos
Divorcio	700 gramos
Celos	60 gramos
Obsesión	500 gramos
Escribir una carta de amor	30 gramos
Escribir un email de amor	20 gramos
Acudir a una cita	200 gramos
Sexo en grupo/orgía	800 gramos

Descanso

Estar sentado	7 gramos
Reclinarse con los pies en alto	5 gramos
Reclinarse en posición fetal	3 gramos
Con la basura de una semana y el trabajo inacabado en el suelo	1 gramo
Hamaca	3 gramos
En el suelo	2 gramos
En un ataúd	2 gramos
No tener ninguna razón para levantarse	2 gramos
Eludir obligaciones	5 gramos

Negocios

Llamar por teléfono al corredor de Bolsa	10 gramos
Escribir un *email* al corredor de Bolsa	7 gramos
Devolver llamadas	30 gramos
Negociar tratos comerciales	100 gramos
Iniciar tratos comerciales	200 gramos
Bancarrota	60 gramos
Llamar a un agente literario	50 gramos
Comprar una casa	100 gramos
Tener una reunión	75 gramos
Solicitar un trabajo	100 gramos

Abrir un negocio	300 gramos
Estrenar una obra teatral	400 gramos
Construir una casa	400 gramos
Hacer un viaje de negocios	400 gramos
Promoción	500 gramos

Actividades de la Zona de Pereza

Dormir	0 gramos
Echar la siesta	–30 gramos
Coma	–100 gramos
No moverse en veinticuatro horas	–50 gramos
Hibernar	–20 gramos
Entumecerse	–20 gramos
Apatía emocional	–20 gramos
Pérdida de todos los apetitos	–50 gramos
Distanciarse de Dios	–1.000 gramos
Releer este libro	–25 gramos

LUJURIA

SIMON BLACKBURN

Colección: Los 7 pecados capitales, 1
ISBN: 84-493-1706-1 - Código: 61101
Páginas: 208 - Formato: 13 x 18 cm

Blackburn, autor de ensayos filosóficos tan populares como *Pensar* y *Sobre la bondad*, nos ofrece una afilada indagación sobre el corazón del deseo en la que aborda algunas de las mejores ideas nunca expuestas sobre la sexualidad, sobre la naturaleza humana y sobre las debilidades culturales que todos compartimos. Blackburn adopta un enfoque histórico y abierto, discute las opiniones de Aristóteles y Platón, y examina la lujuria a la luz de la desconfianza estoica hacia las emociones, así como del miedo cristiano a la carne que catapultó el deseo a la categoría de pecado capital. Describe la influencia que han tenido algunos filósofos pesimistas como Schopenhauer y Sartre en la fijación de nuestras ideas sobre la lujuria, y explora las falsas pistas aportadas por Freud, Kinsey y la «psicología evolutiva» moderna. Pero sobre todo nos recuerda que la lujuria es también una forma de juego vital y afirmativo, por lo cual acaba destacando las ideas al respecto de David Hume, su filósofo favorito, que veía en el deseo no sólo un deleite sensual, sino también un «gozo de la mente».

Escrito por uno de los más eminentes filósofos de la actualidad, con atractivas ilustraciones y una vistosa presentación, *Lujuria* es el libro que cualquier lector sensible desearía haber escrito.

GULA

FRANCINE PROSE

Colección: Los 7 pecados capitales, 3
ISBN: 84-493-1745-2 - Código: 61103
Páginas: 128 - Formato: 13 x 18 cm

Como señala la novelista Francine Prose, estamos obsesionados con la dieta. ¿Y qué es esta obsesión por la comida sino una lucha entre el pecado y la virtud, el exceso y el autocontrol, una lucha contra las feroces tentaciones de la gula?

En *Gula*, Francine Prose sirve un maravilloso banquete de ingeniosas e interesantes observaciones sobre este delicioso pecado capital. A través de un repaso a la evolución de los distintos conceptos de gula, analiza también las ideas al respecto sobre la salvación y la condena, la salud y la enfermedad, la vida y la muerte. Y no sólo ofrece un bullicioso cóctel de referencias, que oscila desde san Agustín hasta Chaucer, pasando por Petronio y Dante, sino que también demuestra que la gula, en la Edad Media, constituía un problema profundamente espiritual, mientras que hoy en día la hemos transformado de pecado en enfermedad, de modo que lo que satanizamos son los horrores del colesterol y los peligros de la carne roja. De hecho, la opinión moderna sobre la gula sostiene que comemos por un impulso compulsivo, autodestructivo, para evitar la intimidad y el contacto social. Pero la gula, como nos recuerda Prose, también constituye una afirmación del placer y la pasión. La autora finaliza el libro contando la historia de uno de los grandes héroes de la gula, Diamond Jim Brady, cuyo estómago tenía un tamaño seis veces mayor de lo normal.